위기의 진보정당
무엇을 할 것인가

이 책은 부산에 거주하는 진보정당 당원 이광수(정의당), 남종석(노동당), 이창우(정의당), 최희철(녹색당)이 '위기의 진보정당, 무엇을 할 것인가'를 주제로 2013년 9월부터 2014년 6월까지 총 9회에 걸쳐 진행한 토론의 내용을 정리한 것이다.

부산 지역 진보정당 평당원 4인의 작은 목소리

위기의 진보정당
무엇을 할 것인가

이광수·남종석·이창우·최희철 지음

앨피

저자 소개

이광수 · 정의당

부산외국어대 교수. 역사학자. 이른바 '운동'이 가장 치열했던 시기인 1983년 부터 1989년까지 인도로 유학을 가 도피한 것에 대한 부채의식으로 민주노동당에 입당하고 그 후 진보신당을 거쳐 정의당에 자리를 잡았다. '아시아평화인권연대' 공동대표, '만원의 연대' 운영위원장을 맡는 등 시민운동도 하고 있지만 결국 문제는 정치에 있다고 생각하여 정당원이 되기를 마다하지 않는다. 지은 책으로 《역사는 핵무기보다 무섭다》, 옮긴 책으로 《침묵의 이면에 감추어진 역사 : 인도-파키스탄 분단으로부터 듣는 여러 목소리》, 《성스러운 암소 신화》, 《탈리반》 등이 있다. 사진비평가로도 활동 중이다.

남종석 · 노동당

1990년에 대학에 들어가 11학기를 다녔다. 학점 0.00을 세 번 받았으니 부산대에서 세 번 꼴등을 한 셈이다. 3년여간 행방불명 처리되어 지각 졸업하고 사회학과 대학원에 들어갔다. 경제학에서 우파들이 득세하여 사회학을 선택했으나, 박사과정은 경제학과로 다시 돌아갔다. 민주노동당 활동으로 인해 지도교수와 약간의 마찰을 겪은 후 논술학원에서 6년간 근무했다. 〈레디앙〉과 〈시사 IN〉에 비정기적으로 칼럼을 쓰고 있고, 박사과정을 마치려고 다시 '열공' 중이다. 부산 지역 이곳저곳에서 시간강사로 재직 중이며, 민주노동당 부산시당 정책위원을 거쳐 지금은 노동당에서 주로 딴지 거는 역할을 하고 있다.

이창우 · 정의당

전노협과 민주노총 부산본부에서 노동운동을 하다가 민주노동당 창당 발기인으로 참여했고, 진보신당·통합진보당·정의당에 몸을 담으며 나름 진보 노선을 견지하는 '철새 정치인'을 자처하고 있다. 〈레디앙〉과 〈울산저널〉 등에 만평을 기고하는 시사만평가이기도 하다. 2014년 6·4 지방선거에 부산 기장군 정관면의 정의당 기초의원 후보로 출마했다. 인디언 텐트에 선거사무소를 차리고 아이들 캐리커처 그려 주기, 1인 콘서트 등 이색 선거운동을 펼쳐 단기간에 10.83퍼센트를 득표하는 저력을 보여 준 진보적 낭만주의 정치인이다. 저서로 시사만평집 《만화로 보는 노무현시대》가 있다.

최희철 • 녹색당

현재 영세자영업 '우암계육'의 대표이며, 베르그송과 레이디 가가를 좋아하는 '비실체론자'이다. 2013년 논픽션 〈그때 그 삶의 비늘들을 다시 들추어 보다(미시적 사건으로서의 북태평양어장)〉로 부산일보 해양문학상을 수상했고, 문학동인 '잡어'에서 활동 중이다. 2011년 시집 《영화처럼》을 발간했다. 민주노동당이 통합진보당으로 우경화되었다고 판단하여 탈당하고 2012년 녹색당에 전격 입당했다. 1983년 부산수산대학(현 부경대) 어업학과를 졸업한 뒤 8년간 원양어선과 상선 항해사로 승선했다. 1961년 '부산시 남구 우암동 189번지'에서 태어나 어린 시절을 보냈다.

토론에 참여한 네 사람은 모두 '진보'보다는 '정치'에 방점을 찍는 정치주의자이며, 동시에 모두 탈당의 쓰디쓴 경험을 한 자들이다. 지금은 각기 서로 다른 당적을 갖고 있지만, 궁극적으로는 동지적 관계로, 다들 페이스북에서 '이빨'을 날리고 있다. 이광수는 집요한 논리로, 이창우는 인간의 언어로, 최희철은 사색의 철학으로, 남종석은 해박한 사회과학 이론으로 판을 들었다 놨다 한다. 진보주의자들이 대개 그렇듯, 까칠하면서 따뜻하다. 마키아벨리를 말하지만 그 세계를 전혀 따라가지 못하는 휴머니스트들이다.

차례

1

반성 _ 진보가 왜 이렇게 촌스러워야 합니까?

2

모색 _ 도대체 어디까지가 진보인가?

3

전망 _ 진보 '운동'이 아닌 '정치'를 하라

못을 박으며

최희철

정침定針을 잡아 못을 박는다.

날카로운 힘으로
뚫었다 생각하지만
못은 주변의
함몰과 밀려남 없이
서 있을 수 없다.
너무 헐겁지도
빈틈없지도 않은
세상의 여분이
못을 잡고 있는 것이다.

우리네 또한 그렇다.
뿌리를 깊이깊이 내리려 하는 만큼
주변이 자기 것을 내어 주는 것이다.
아니, 꽉 조여 주는 것이다.
그것이 사랑이든 미움이든.

진보정치의 어제와 오늘

진보의 예정된 몰락

2014년 지방선거가 끝났다. 세월호 재앙과 이를 수습하는 과정에서 정부 여당의 무능력이 극적으로 드러나면서 제1야당인 새정치민주연합은 9개 광역시·도에서 승리했지만 진보정당들은 몰락했다. 통합진보당은 전국에서 후보를 냈으나 지역구에서 한 명의 광역의원도 당선시키지 못했다. 정의당 역시 마찬가지다. 노동당은 전국적으로 겨우 1퍼센트 대의 지지를 받았고, 녹색당도 사정은 마찬가지다.

　2014년 지방선거는 이전 선거까지 이루어졌던 야권연대가 불가능한 상황에서 치러진 최초의 선거였다. 새정치민주연합은 광역의원뿐만 아니라 기초의원까지 모조리 출마시켜 비새누리당 표를 독식했고, 얼마 안 되는 진보정당 기초의원의 몫까지 다 가져가 버렸다. 진보정치는 시민들에게 철저히 외면당하는 차원을 넘어 그 존재 기반마저 심각하게 흔들리는 상황에 이르렀다.

　진보의 몰락은 이미 예상된 바이다. 2010년 통합진보당 비례대표 선출 경선 과정에서 일어난 투표부정 사태부터, 뒤이은 통합진보당의 분열과 연이은 정의당의 창당은 균열을 거듭하고 있는 진보의 모습을 그대로 보여 주었다. 더군다나 대리투표와 같은 경선 부정이 존재했음에도 불구하고, 통합진보당 잔류파인 자주파는 자신들은 아무 잘못이 없고 대리투표는 관행이었을 뿐이라고 스스로를 정당화했다. 또한 자주파가 "우리만 부정투표를 했냐. 너희도 하지 않았냐."고 몰아붙이면서 통합진보당 잔류파와 탈당파 간의 갈등은 진흙탕 싸움이 되어 버렸다. 이에 대한 시민사회와 대중들의 반응은 매우 차가웠다. 한때 진보 진영은 민주주의를 향한 헌신성, 약자들과 함께하는 정의, 연대의 정신과 동일시되었지만 이제는 기성 정치권만큼이나 아니 그보다 더 부패한 세력으로 비치기 시작한 것이다.

2013년 통합진보당 사태, 일명 '이석기 사건'은 상황을 더욱 악화시켰다. 통합진보당의 당권파로 알려진 경기동부연합 세력이 주요 활동가들의 비밀 모임에서 전쟁 시 '무장투쟁' 가능성까지 언급한 것이 밝혀지면서, 통합진보당 당권파가 '주사파'라는 사실이 만천하에 드러났다. 통합진보당 당원과 당권파의 핵심 세력을 동일시할 수는 없지만, 그들 지도부가 북한에 대한 충성도가 높은 집단이라는 것은 부정할 수 없는 사실이 되었다.

진보는 '종북'과 동일시되었고 대중의 지지는커녕 혐오의 대상으로 전락해 버렸다. 북한 체제의 비정상성에 대한 비판의식은 고사하고, 그 체제를 숭배하는 집단이 진보 진영에 남아 있다는 것을 대중들은 도저히 이해할 수 없었던 것이다. 시민운동 진영도 마찬가지다. 과거 시민운동 진영은 민중운동과 진보 진영의 주된 연대세력이었다. 그러나 이제 시민운동 진영은 자신들과 이해관계가 밀접히 결합된 새정치민주연합과의 정책연대를 더 중요시한다. 진보정당들은 고립되었고, 왕조를 숭배하는 '반민주주의' 진영이 되었으며, 성찰하고 반성하지 않는 집단으로 전락했다.

이런 상황에서 진보가 몰락하지 않으면 그게 더 이상하다. 2000년 민주노동당 창당과 함께 '민중의 독자적 정치세력화'의 희망에 부풀었던 진보 진영은, 제도권에 진입한 지 십 수 년 만에 초라한 성적표를 받아 든 낙제생이 되었고, 도덕성에 심각한 문제가 있는 집단으로 낙인찍혔다. 2014년 지방선거의 결과는 이미 몰락한 진보정치에 대한 사형선고인 셈이다.

민주노동당 10년, 바람 잘 날 없는 역사

나는 90년대 말경 진보정당의 당원이 되었다. 민주노동당이 아직 건설되기 전 '국민승리 21'로 존재하고 있을 때였다. 1990년 대학에 입학한 나는 민중민주파People's Democracy(PD)와 인연을 맺었다. 민중민주파란 오늘날 주류 언론이 '평등파'라고 칭하는 진보 진영의 한 축이다. 90년대 이후 민중민주파의 중요한 정치적 목표 가운데 하나는 민중의 독자적 정치세력화였다. 민중민주파는 보수적인 우파정당만 존재하는 한국 사회에서 사회주의를 표방하는 정당이 출현한다면 분명 역사의 큰 전환점이 될 것이라고 생각했다. 더불어 노동자 민중의 이해를 대변하는 정당이 국회에 들어감으로써 노동자계급의 실질적인 이익을 의회 공간 안에서 실행할 수 있는 축을 만들 수 있을 거라고 기대했다. 당시 노동운동에 참여하고 있던 다수의 세력은 전위정당 노선을 포기하고 합법적 대중정당 건설을 목표로 정치적 합의점을 만들어 가고 있었다. 일부 근본주의 좌파를 제외한 대다수 민중민주파는 대중적인 계급정당 건설의 필요성을 공감하였다.

1997년 대선, 당시 민중 진영은 권영길 전 민주노총 위원장을 민중후보로 추대하여 대선에 참여하였다. '국민승리 21'의 이름을 단 선거운동본부는 보수 양당으로 굳어진 한국 사회에서 새로운 바람을 일으켰다. 그리고 2000년 '국민승리 21'을 모태로 민주노동당이 탄생했다. 초기 민주노동당은 독자적 정치세력화의 필요성을 강하게 느끼고 있던 노동운동 정파들, 비자주 계열의 노동조합 활동가들, 진보적 시민을 중심으로 만들어졌다.

오늘날 '자주파'로 불리는 민족해방파National Liberation(NL)는 당시까지만 해도 미국의 신식민지인 남한에서 독자적인 진보정당은 필요하지 않다는 입장이었다. 민족해방파는 자유주의 성향의 보수야당을 비판적으로 지지하여 '자주적 민주정부'를 수립하는 것을 목표로 두고 있었다. 더구나 자주파 가운데는, 독립된 국가인 북한이 존재하므로 한반도의 해방은 전략적으로 북한 노동당의 지도 아래 이루어져야 한다고 생각하는 '주사파' 도 있었다. 이들은 남한에 독자적인 전략적 지도부가 존재할 필요가 없다고 주장하기도 했다. 당시 자주파는 '민주주의민족통일전국연합' 같은 전선체를 중심으로 활동하고 있었다.

그러나 민주노동당 창당 이후 민족해방파가 점차 민주노동당으로 들어오기 시작한다. 민주주의민족통일전국연합의 주도로 2001년 충남 괴산군 군자산에 모인 민족해방파 활동가들은 합법적 대중정당 건설을 결의한다. 이른바 '군자산 결의'로 알려진 이 활동가대회에서 채택된 문건 〈3년의 계획, 10년의 전망〉에 따라, 그들은 10년 안에 자주적 민주정부를 건설하고 연방제 통일을 이루기 위해 합법정당을 만들고 이 정당을 통해 집권하겠다는 계획을 마련하였다. 이 결의 이후 민족해방파는 민중민주 계열이 만든 민주노동당에 조직적으로 가입하고 점차 당권을 장악해 들어갔다.

민중운동의 다수파였던 민족해방파는 2004년을 기점으로 민주노동당의 당권을 장악하고 다수파로서 실질적인 지위를 확보했다. 이 과정을 통해 민주노동당은 민중민주파와 민족해방파가 공존하며 내부에서 경쟁하게 되었으며, 한쪽은 평등파로 다른 쪽은 자주파로 불리게 된다. 민중민주파가 평등파로 분류되는 것은, 이들이 남한사회 내 계급 갈등에 주목하기 때문이다. 곧 이들은 계급 간, 성별 간 평등의 실현을 중요한 전략적 목표로 삼고 있다. 반면 민족해방파는 한국 사회의 주요 모순이 미제국주의의 억압 때문이라고 보고, 미제국주의의 식민지에서 해방되는 것, 곧 민족자주를 실현하는 것을 가장 중요한 정치적 목표로 삼았다. 그래서 이들을 자주파라 일컫는다.

평등파도 그렇듯이 자주파 내부에도 구별되는 흐름이 존재한다. 과거 전선체로 있을 당시 민주주의민족통일전국연합은 광주전남연합, 경기동부연합, 인천연합, 울산연합, 부산연합, 농민회 등 지역 조직이 결합된 연합체였다. 이들 가운데 경기동부연합이 자주 계열 최대 정파가 된 것은, 2006년 광주전남연합과 통합하여 범경기동부연합을 결성하면서부터이다. 이로써 자주 계열은 경기동부연합, 인천연합, 그리고 부산연합과 같은 계열인 울산연합 등 크게 3개의 핵심 분파를 주축으로 활동을 펼치게 된다. 이들 내부에는 주체사상을 수용하는 집단도 있고 그렇지 않은 집단도 있기 때문에 일괄적으로 주사파라고 지칭할 수 없으며, 핵심 지도부의 사상과 지지층의 입장이 동일한 것도 아니다. 이처럼 내부에 차이가 존재하지만, 자주파는 대외적인 활동에서 늘 공동 행보를 취했으며 단결된 모습으로 활동하였다.

자주파가 당권을 장악한 이후 민주노동당에서는 바람 잘 날이 없었다. 당은 늘 노선 투쟁, 헤게모니 투쟁으로 시끄러웠다. 자주파는 언제나 반미자주화를 중요한 투쟁의 목표로 삼았다. 미군기지 반대, 한미 군사훈련 반대, 맥아더 동상 해체, 국가보안법 철폐가 이들에게는 무엇보다 중요했다. 반면 평등파는 민생,

복지, 신자유주의 반대 등을 중요한 정치적·정책적 목표로 삼았다. 두 경향이 대립되는 것은 아니지만 강조점은 뚜렷이 달랐다. 그러다 보니 정책 목표, 투쟁 방향을 둘러싸고 늘 갈등이 있었다.

갈등을 더욱 극적으로 만든 것은 북한의 핵무기 개발과 핵실험 관련 논쟁이었다. 평등파는 민주노동당의 강령에 근거하여 모든 핵무기를 반대하고 핵 발전도 반대했다. 북한 핵무기도 미국 핵무기와 마찬가지로 민족의 생존을 볼모로 잡는 것이라고 보고 강하게 비판했던 것이다. 반면 자주파는 북한의 핵무기 보유가 미제국주의와 대결하기 위한 어쩔 수 없는 선택이라고 보았다. 원칙적으로 핵무기에 반대하지만 호시탐탐 북한 체제를 전복시키려고 노리는 미국이 핵무기를 보유한 이상, 북한도 핵무기를 가질 수 있다는 논리였다. 평등파로서는 기가 찰 노릇이었다. 평등파는 어떻게 진보정당이, 평화주의 정당이 핵무기에 침묵, 나아가 그것을 지지할 수 있는지 이해할 수 없었다. 두 진영 사이의 골은 갈수록 깊어졌고, 그 사이에서 상처가 곪아 갔다.

이보다 더 큰 문제도 있었다. 이른바 '일심회 사건'이다. '일심회 사건'은 민주노동당 사무부총장 최기영 등이 민주노동당 당원들의 신상을 북한 정보원에 넘긴 일을 말한다. 2008년 민주노동당 분당의 직접적인 계기가 된 사건이기도 하다. 평등파들이 보기에 자주파의 핵심 세력은 여전히 주사파이며, 그들이 민주노동당의 정보를 북한 공작원에게 제공하였다니 발칵 뒤집어지지 않을 수 없었다. 평등파는 자주파가 남한 사회의 독자적 변혁을 포기하고 남한 진보 진영을 북한 노동당의 정책에 종속시키려 한다고 비판했다. 그렇지 않다면 당 내 정보를 북한에 제공할 이유가 없다는 것이었다. 평등파는 북한에 정보를 제공한 두 당직자를 민주노동당에서 제명시켜야 한다고 주장했다. 당원 정보 유출을 매우 심각한 반당 행위로 본 것이다.

자주파의 생각은 달랐다. 그들은 아직 재판이 진행되는 중이고, 국가보안법으로 공격받는 동료를 제명할 수 없다며 버텼다. 결국 일심회 사건을 계기로 평등파의 일부가 민주노동당을 탈당하면서 진보는 다시 분화되기 시작한다. 선도 탈당파들이 당에서 뛰쳐나간 이후 심상정 의원을 위원장으로 비상대책위원회가 결성되었지만, 2008년 민주노동당 대의원대회에서 '심상정 비대위' 안이 부결되고 남아 있던 평등파들이 모두 탈당함으로써 민주노동당은 공식적으로 분화하게 되었다. 그 이후의 사태는 앞에서 이야기한 바와 같다.

앞에서 언급한 '이석기 그룹'은 경기동부연합의 핵심적인 활동가 조직이었다. 1심 판결에서 법원은 이석기 전 의원을 비롯하여 이 그룹의 핵심 활동가들에게 유죄를 선고했지만, 나는 이들이 내란 음모를 꾸몄다거나 그들 모임의 활동에 내란죄가 성립된다고 믿지 않는다. 그러나 나는 언론에 발표된 '이석기 그룹'의 토론 녹취록을 읽고 경악하지 않을 수 없었다. 그들의 대화록은 21세기 민주주의 사회에서는 좀처럼 듣기 어려운 컬트적인 특징이 있었다. 나 역시 자주파 일부가 주사파라는 사실은 알고 있었지만, 정도가 저렇게 심할 거라고는 생각하지 못했다.

3대 세습 체제, 억압적인 단일 정당 지배, 민족의 절멸을 초래할 수 있는 핵무기 보유와 핵실험, 호전적이고 선정적인 프로파간다 등 북한은 현대적인 문명사회라기보다는 비정상적인 전체주의 사회로 남한 대중들에게 비춰진다. 북한을 바라보는 이런 시각이 모두 옳다고는 할 수 없지만, 북한 체제가 낡은 후진 사회라는 것은 누구도 부정할 수 없다. 그런데 한국 사회에서 가장 진보적임을 자처하는 집단이 북한 체제를 숭배하고 따른다는 것은 이해하기 힘들다. 이것은 주사파를 바라보는 일반 시민뿐만 아니라 자주파를 제외한 모든 진보 진영이 공유하는 문제의식이다. 심지어 같은 자주파인 인천연합조차 이석기 그룹 등의 주사파와 다른 길을 걷고 있다.

진보가 무엇인가? 앞으로 나아가는 것, 좋은 방향으로의 변화를 표상하는 것 아닌가? 진보 진영이라면 인권, 민주주의, 착취로부터의 해방, 자유, 평등, 생태 이런 것을 표방해야 하는 것 아닌가? 어떻게 낡고 낡은 체제를 옳다고 여기며 그것을 따를 수 있는가? 대중들이 갖는 이런 의문은 너무나 정당하며, 평등파가 자주파에 대해 갖는 의문 또한 오해라고 할 수 없다. 다만, 아쉬운 것이 있다면, 자주파의 열정과 헌신성을 살릴 수 없다는 안타까움, 분열을 향해 달리는 기관차와 같은 평등파의 태도다. 이 두 가지 아쉬움이 진보정당에 속한 모든 이의 마음속에 짙게

배어 있지 않을까? 착잡하다.

2013년 '이석기 그룹' 사태는 평등파가 자주파에게 갖고 있던 의구심을 확증시켜 주었다. 국정원이 제출한 녹취록이 조작된 측면이 없지 않지만, 그들 모임에서 나온 발언들 다수는 자주파의 핵심 세력이 주사파라는 것을 확인시켜 주었다. 이는 변명의 여지가 없다. 자주파가 진보 진영의 가장 큰 세력이라는 점은 상황을 더욱 악화시킨다. 다수의 대중들은 자주파와 평등파를 구별하지 못한다. 그들에게는 이석기 그룹, 자주파의 모습이 진보 진영 전체의 모습과 다를 게 없다. 이석기 사태 이후 진보의 몰락은 예정된 것이었고, 6·4 지방선거의 결과는 이를 확인시켜 주었을 뿐이다.

진보의 재구성을 위하여

'통합진보당 부정선거 사건'으로 황망한 감정을 추스르지 못하고 있던 2013년 여름, 부산외국어대학 이광수 교수가 진보정당의 평당원 몇몇이 모여 도대체 진보가 어쩌다 이 지경이 되었는지 자유롭게 토론해 보자는 제안을 했다. 학술적인 논의나 정치적 논쟁보다는 진보정당에 몸을 담고 음으로 양으로 활동해 온 지역의 평당원 입장에서, 우리의 경험을 바탕으로 그간 진보 진영에 쌓여 있던 여러 문제들을 허심탄회하게 이야기하고 그 폐부까지 발가벗겨 보자는 제안이었다. 갈라지고 찢어져 지리멸렬해진 진보 진영의 평당원들이 모여, 진보정치에서 무슨 일이 있었고 앞으로 어떻게 해야 하는지를 자유롭게 토론해 보자!

토론에 참여한 네 사람은 각각 노동당, 녹색당, 정의당 당원이다. 한때 모두 민주노동당 당원이었다가 탈당의 쓰라린 아픔을 겪은 사람들이다. 탈당과 입당의 지속적 반복, 이것이 어쩌면 한국 진보좌파의 운명이자 죽어 가고 있는 진보의 증거일지도 모른다. 통합과 분열, 갈등이 진보정당의 역사이듯.

이광수 교수는 이 모든 역사를 있는 그대로, 날것의 상태로 곱씹어 보자고 했다. 처음 제안을 받았을 때, 나는 정당 활동에서 일정한 거리를 두고 있는 상황에서 책임 있는 발언을 할 수 있을지 걱정스러웠다. 그러나 이광수 교수는 오히려 책임으로부터 자유로우니까, 정치적 고려로부터 자유로우니까 모든 것을 이야기할 수 있고, 모든 것을 이야기할 수 있어야 대중과 진보적 시민들이 진보 진영에 품고 있는 궁금증도 풀 수 있다며 그 궁금증과 의문에 어떻게 답변할 것인지를 고민하는 게 진보의 재생을 위한 필수불가결한 조건이라고 설득했다. 평당원들의 걸러지지 않은 목소리야말로 진보 진영이 처한 냉정한 현실을 인식하는 데 도움이 될 것이고, 이렇게 진보정치의 현실을 진단하는 것이 진보 진영이 재도약하는 데 조금이나마 도움이 될 거라는 문제의식이었다. 그런 점에서 우리의 시도는 진보정치에 대한 일종의 민족지학적 탐구이다. 현장의 구체적 경험을 거르지 않고 속살 그대로를 재현하는 것 말이다.

우리의 토론 주제는 크게 세 가지로 나뉜다. 첫째는 자주파 탐구이다. 자주파 내 최대 정파는 경기동부연합이고, 이 조직의 핵심 구성원들은 주사파이다. 따라서 자주파에 관한 토론은 자연스럽게 주사파와 연관된다. 그러나 우리의 토론은 주사파 자체보다는 민주노동당과 통합진보당에서 자주파와 함께한 역사를 통해 그들이 '실천적으로' 어떤 존재인지를 살피는 데 초점을 맞추었다. 자주파의 생각이 어떻든 간에, 구체적으로 드러난 그들의 실천 문제를 다루는 것이 중요하다고 보았기 때문이다. 우리는 자주파가 집단적 성찰을 거부하는 조직문화를 갖고 있으며, 대의의 정당성(반제국주의, 통일 등)으로 모든 활동을 정당화하는 독특한 전통을 지닌 조직이라는 결론에 도달했다. 자주파의 역설은 '민주주의 문화에 전혀 익숙하지 않은 집단이 민주주의를 위해 가장 헌신적으로 투쟁하는 조직'이 되었다는 점이다.

두 번째 토론 주제는 평등파이다. 평등파를 단 하나의 정파로 묘사하는 것은 적절하지 않다. 평등파의 공통성을 확인시켜 주는 유일한 잣대는 아마도 '비자주파 진보세력'(정당과 사회운동 진영)이라고 할 수 있겠다. 그 외 평등파를 규정하는 공통분모는 찾기 어렵다. 평등파의 가장 오른쪽에 자리 잡은 집단은 진보적 자유주의이다. 여기에 해당하는 국민참여당 계열 출신들은 미국 민주당 좌파 정도의 진보성을 지니고 있다. 진보적 자유주의자들의 왼쪽에는 사민주의자들이 있다. 이들의 목표는 유럽식 복지국가를 건설하는 것이다. 이들은 자본주의 체제 안에서 평등과 인권·민주주의의 심화를 주장한다는 점에서 진보적 자유주의와 친화성이 있으며, 또한 계급불평등 해소, 노동자계급의 단결, 경제구조 개혁을 주장한다는 점에서 사회주의와도 친화성을 갖는다. 사민주의의 왼쪽에는 사회주의자들이 있다. 사회주의자들 중에는 합법적 대중정당을 통해 '민중의 독자적 정치세력화'를 추구하는 민주적 사회주의자가 있고, 여전히 전위정당을 건설하여 남한 자본주의 체제를 극복해야 한다고 주장하는 마르크스–레닌주의자도 있다. 이들 모두가 평등파다. 여기에 최근 주목받고 있는 녹색당도 범평등파에 속한다. 녹색은 근본적으로 산업주의를 비판하기 때문에 사회주의와 선택적 친화성을 갖는다.

평등파와 관련된 토론에서 우리가 확인한 것은 다음과 같다. 우선 정의당은 진보적 자유주의와 사민주의자들이 연합하고 있지만, 아직 독자적 정체성을 확립한 정당이 아니라 과도기적으로 존재하는 정당이다. 경우에 따라 오른쪽으로도 갈 수 있고 더 왼쪽으로도 갈 수 있는 '과정 중의 정당'이라는 것이다. 더불어 정의당은 자본주의 내에서 개혁의 심화를 주장하지만 사실상 자본주의와 타협했다는 비판으로부터도 자유롭지 못하다. 반면 노동당은 매우 헌신적인 활동가들이 존재하지만 내부의 반정치주의 문화, 근본주의, 정치적 역량의 부족으로 인해 당세가 점차 약화되고 있다. 더군다나 노동당이 선명하게 내세우는 사회주의적 목표는 말은 화려하지만 구체적인 실행 전략이 부족해 공허한 측면이 강하다. 좋은 이야기지만 이를 실현할 구체적인 프로그램도 없고 실력도 부족하다는 것이다. 녹색당은 근본주의적 관점을 견지하고 있지만 당세가 매우 작고, 주된 구성원이 중간계급 교양인들이며, 정치적 경험이 거의 없는 '순진무구한 세력'이다.

세 번째 주제로 우리는 진보정치의 미래를 다루었다. 앞으로 진보 진영이 어떤 경로를 거쳐야 재생 가능한지를 집중적으로 토론했다. 토론 과정에서 우리가 합의한 것은 진보좌파가 이렇게 갈라진 현실에서 미래는 없다는 것, 어떤 형태로든 진보는 재구성되어야 한다는 것이다. 진보 진영 앞에 놓인 선택의 경로는 여러 가지가 있다. 그중 하나가 '빅 텐트론', 곧 진보 진영이 보수야당에 들어가 좌파블록을 형성하는 길이다. 어차피 진보좌파가 독자적인 힘을 구축할 수 없다면, 야당에 들어가 생존을 모색하며 미래를 설계하자는 것이다. 우리 네 사람은 모두 이 가능성을 부정했다. 이념적 조건에서 부정하는 이도 있었고, 지금까지의 경험을 토대로 거부하는 이도 있었다. 어쨌든, 야당에 들어가는 것은 몇몇 스타 정치인의 개인적 성공 외에 다른 가능성은 없다는 결론에 도달했다.

다른 하나는 자주파와 재통합하는 길이다. 우리는 자주파, 특히 그 핵심인 주사파가 당분간은 변화할 가능성이 없다고 보았다. 우리는 자주파와 정당 통합을 하려면 자주파가 경기동부연합과 분리하거나, 지금까지의 조직문화에 대한 자주파 내부의 깊은 성찰과 자기비판이 선행되어야 한다는 데 합의했다. 그렇지 않다면 자주파는 연대 세력은 될 수 있을지언정 연합 세력은 될 수 없다. 더군다나 자주파를 포함하는 통합 전략은 통합 자체를 불가능하게 할 것이므로, 그 과제는 미래의 일로 미루어야 할 것이다.

그렇다면 현실적으로 실행 가능한 경로는 녹색당, 노동당, 정의당과 민주노총을 토대로 활동하고 있는 제 세력들이 공통의 집에서 동거하는 것이다. 그것이 구체적으로 어떤 경로를 통해 이루어지고, 어떠한 형식으로 만들어져야 하는지는 활동가들의 상상력과 추진력에 맡기기로 했다. 한 가지 반가운 소식은 녹색당 내부에서 세력 형성이 필요하다는 현실적인 판단이 등장하고 있고, 노동당 내부에도 새로운 전환을 모색해야 한다는 목소리가 분명히 존재한다는 것이다. 또한 정의당은 과정으로서의 정당이므로 어떤 방향으로 당겨지느냐에 따라 미래가 결정될 테지만 그리 쉽게 보수야당으로 흡수되지는 않을 것이다.

앞에서 밝혔듯이 우리는 부산이라는 한 지역의 진보정당 평당원들이다. 그야말로 '작은 목소리'의 주인공일 뿐이다. 우리가 진보정치의 현실을 진단하면서 그 본질을 제대로 짚어 내지 못했을 수도 있고, 우리가 제시하는 진보정치의 방향이 틀렸을 수도 있다. 우리가 이 책의 부제를 '작은 목소리'라고 붙인 이유다. 우리가 제시하는 방향은 이미 많은 활동가들이 공유하는 문제의식이라 특별히 새로운 것이 없을 수도 있다. 다만, 우리가 이 토론에서 현재까지 진보 진영 내부의 여러 모순점, 갈등, 입장 차이를 여과 없이 토로했다는 것만은 분명하게 말할 수 있다. 이 방담이 진보의 재구성에 조금이나마 도움이 되었으면 한다.

　마지막으로 원고를 처음부터 끝까지 통독하고 귀중한 조언을 아끼지 않은 〈레디앙〉 편집장 정종권 님께 깊은 감사를 드린다.

2014년 6월 30일

네 사람을 대표하여

남종석 씀

1
반성

진보가 왜 이렇게 촌스러워야 합니까?

대리투표
관행인가 부정인가

이광수 진보 진영이 어쩌다 이 지경이 됐는지, 앞으로 무엇을 해야 할지 이야기하는 자리입니다. 허심탄회하게 툭 터놓고 말해 봅시다. 이 마당에 못할 말이 뭐가 있겠습니까? 여기 모인 네 사람은 각각 정의당·노동당·녹색당 소속이지만 자기 정당을 대표해서 말할 필요도 없고, 그래서도 안 되겠죠. 통합진보당은 화제의 중심에 서 있어서 초청하지 않았습니다. 그럼 이른바 '통합진보당 사건'부터 시작해 볼까요. 2013년 10월 17일 '통합진보당 부정선거 사건' 관련 재판에서 법원이 무죄판결을 내렸습니다.(30쪽 〈2013년 통합진보당 비례대표 부정선거 사태 일지〉 참조)

이창우 법원의 판결은 '업무방해' 혐의, 그러니까 통합진보당의 비례대표 후보 선거를 '방해'했다는 혐의에 대해 무죄라는 것입니다. 그동안 통합진보당의 선거관리시스템이 일종의 대리투표 방식을 관용해 왔고 통합진보당 스스로 업무방해라고 생각하지 않는데, 업무방해 혐의를 적용했기 때문에 무죄라는 것이죠.

최희철 통합진보당의 대리투표는 당권자 중 투표할 의사가 있는 사람의 동의를 구한 뒤, 핸드폰에 찍힌 투표 인증번호를 선거 관리인에게 알려 주고 몇 번을 찍을 것인지, 혹은 찬성인지 반대인지 '표기'만 선거 관리인이 대신하는 방식이었습니다. 엄밀하게 말하면 잘못된 것이고 불법이기도 합니다.

2013년 통합진보당 비례대표 부정선거 사태 일지

3월 9일	통합진보당 비례대표 후보 선출 온라인 및 현장투표 실시
3월 19일	선거 부정 의혹 제기 1) 유권자 명부보다 투표수가 많은 투표소 발견 2) 투표자 명의 불일치 사례 보고 3) 유령당원 존재 의혹, 동일 IP에서 중복투표 등 대리투표 정황 감지. 당면한 총선과 야권연대의 중요성 때문에 총선 이후 진상조사 추진키로 합의
3월 20일	관악을 야권 후보 단일화를 위한 통합진보당 이정희 후보와 민주당 김희철 후보의 여론조사에서 부정이 드러남. 이정희 캠프의 보좌관이 유권자에게 ARS 여론조사 전화의 연령대를 속여 달라고 부탁하며 보낸 문자 메시지 내용이 폭로됨
3월 23일	이정희, 후보 사퇴 결정. 후임 통합진보당 후보로 당권파인 이상규 결정. 이상규는 이후 19대 총선에서 당선됨
4월 11일	19대 국회의원 투표. 통합진보당은 전국 지지율 10.28퍼센트, 219만여 표를 득표하여 비례대표 6번까지 당선
4월 12일	조준호 공동대표를 위원장으로 하는 진상조사위원회 구성
5월 2일	조준호 위원장 '1차 진상조사위원회 보고서' 발표. 투표 관리체계 미비로 인한 총체적 부실, 부정선거로 규정
5월 4일	비례대표 1번 윤금순 당선자가 부정경선에 대한 사과문 발표하고 사퇴. 진상조사 후속 조치를 최종 논의할 '전국운영위원회'가 개최되었으나, 당권파 당원들의 의사진행 방해, 이정희 의장의 표결 요청 무시 등으로 파행 진행
5월 6일	전국운영위원회 정회 뒤 이정희에게 사회권을 이양받은 유시민이 의장 자격으로 전자회의를 열어 안건을 처리하고 혁신결의안의 최종안을 도출. 공동대표단과 비례대표 전원 사퇴 결정. 김재연 당선자 사퇴 거부
5월 8일	이정희 대표 및 당권파, 진상보고서 재검증 공청회 개최. 이석기 당선자, 입장 발표문을 통해 혁신결의안에 대한 총당원 투표 제안
5월 12일	전국운영위원회 수습과 재개를 위해 중앙위원회 소집. 중앙위원회 직전 이정희 대표직 사퇴 발표. 이정희 사퇴 후 진행된 중앙위원회에서 폭력 사태 발생. 단상 점거와 대표단 폭행으로 부상자 발생
5월 14일	전자투표를 통해 전국운영위원회 혁신결의안 통과. 공동대표단과 비례대표 전원 사퇴 결정, 결의안에 따라 혁신비상대책위원회 조직. 강기갑 전 의원 비대위 위원장 선출
5월 21일	검찰, 통합진보당 압수 수색
6월 6일	서울시당 당기위원회, 이석기 · 김재연 · 황선 · 조윤숙 제명
7월 15일	강기갑, 통합진보당 당대표 선출
7월 26일	의원총회에서 이석기, 김재연 제명안 부결. 심상정 대표 원내지도부 사퇴
8월 14일	민주노총, 통합진보당 '배타적 지지' 철회
9월 7일	당기위원회에서 혁신파 비례대표 김제남, 박원석, 서기호, 정진후 의원 제명. 이른바 '셀프 제명'
9월 10일	강기갑, 대표직 사퇴 및 탈당
9월 11일	국민참여당 계열 당원 3,729명 집단 탈당
9월 12일	천호선(참여계), 이정미(인천연합) 최고위원 탈당
9월 13일	심상정, 노회찬, 강동원 의원 탈당. 유시민, 조준호 전 공동대표 탈당

당내 선거를 엄중하게 생각하지 않는 분위기 속에서 투표율은 높여야겠고, 평소 친하게 지내던 사람의 동의를 구했으니 괜찮을 거라고 생각했겠죠. 이런 문제는 예전 민주노동당에서도 있었어요. 그래서 민주노동당 시절 저는 당내 선거의 유효 투표율을 50퍼센트에서 30퍼센트 대로 낮추자고 주장하기도 했습니다. 어쨌든 선거 관리인이 편의상 투표권자의 의사표시를 '대행'해준 것은 사실이죠. 민주노동당 시절부터 있었던 관행이어서 무죄로 결론이 난 건지는 모르겠지만, 예전과 마찬가지로 당내 선거가 순조롭게 진행되지 못한 것 같습니다.

남종석 '대리투표'에 대해서는 통합진보당 내부에서 그 관행 자체가 문제가 있다고 제기했던 것입니다. 이질적인 문화를 가진 세 세력▮이 모인 상황에서, 다른 세력들은 그런 관행을 받아들일 수 없었던 것이죠. 당연히 그 자체로 정당한 행위가 아니고 법원의 판결 내용도 그렇습니다. 충분히 문제를 제기할 수 있는 사안이었어요.

애초에 규칙 자체가 다른 팀들이 모여서 규칙을 합의하지 않고 게임을 했고, 그래서 문제가 불거졌다면 이를 조정할 수 있는 시스템을 만들어야 하는데 그렇게 하지 못한 겁니다. 당한 팀은

▮ 통합진보당은 민주노동당 자주파, 국민참여당, 그리고 진보신당 탈당파인 새진보통합연대가 결합하여 만든 정당이다. 진보 진영이 통합하여 민주당과 경쟁할 수 있는 대안정당을 만들고자 했으나, 당내 경선 과정의 비리와 그 이후 벌어진 갈등으로 인해 국민참여당 계열과 새진보통합연대, 그리고 일부 자주파 계열이 탈당하였다.

그것을 무차별 공격이라고 받아들이고.

이광수 그렇게 볼 문제는 아니지 않나요? 무죄판결이 나든 안 나든, 선거 업무를 방해했든 안 했든, 설사 시행규칙이 없었다 하더라도 기본적으로 상식선에서 결과가 도출되어야 합니다. 그런데 통합진보당 당권파의 이야기를 들어 보면 "우리보다 당신들이 더 많이 했다"는 겁니다.

그 사건이 터지자 통합진보당 비례대표 후보들이 전부 사퇴했던 것은, 선거 자체가 말이 안 되는 부정선거니까 누가 많이 하고 적게 한 것을 떠나 부끄러워서 그만둔다는 것 아니었습니까? 그런 상황에서 계속 "당신이 부정선거를 더 많이 하지 않았느냐"는 식의 촌스러운 말을 하는 것이 저는 싫어요. 왜 진보가 그렇게 촌스러운지 모르겠습니다. 그리고 저는 법원의 판결을 '정치적 판단'으로 봅니다. 이미 법원도 오염될 만큼 오염되었기 때문에.

남종석 법원이 오염되었다고 볼 수는 없습니다. 실제 기소 내용이 투표 방해였거든요. 그 부분이 무죄라는 것이지요. 대리투표 자체가 관행이었고 자기들끼리 문제가 없다고 하니까, 그것을 가지고 처벌하는 것은 문제가 있다고 판단한 것 같습니다.

이창우 자주파는 그와 같은 대리투표가 관행이라고 했지만, 대리투표는 일반적인 선거 원칙으로 보더라도 근본적으로 문제가 있어요. 아무리 법적으로 무죄를 받았다 해도, 이런 퇴행적인 관행이 진보 진영 외부의 일반 대중들의 눈에는 도저히 납득하

"당신이 부정선거를 더 많이 하지 않았느냐"는 식의
촌스러운 말을 하는 것이 저는 싫어요.
왜 진보가 그렇게 촌스러운지 모르겠습니다.

기 어려운 일이고, 절차적 정당성 측면에서도 매우 조잡한 활동
방식입니다.

더군다나 자기들과 다른 원칙을 가진 사람들과 합당을 하고선
아무런 문제의식 없이 낡은 관행을 지속하는 것은 정치적으로
용납하기 어려워요. 법원은 비록 무죄를 선고했지만 대중적 정
당성의 측면에서 매우 부적절하고 잘못된 관행입니다.

이광수 그 어떤 경우라도 부정선거는 부정선거입니다.

남종석 저는 그보다 법원 판결에 대한 통합진보당 당권파인 '경
기동부'의 반응이 더 황당합니다. "봐라. 우리는 법적으로 문제
없지 않느냐." 그들은 항상 모든 것을 법적인 문제로 봅니다.
'내부 정치', '정당성' 같은 문제는 아예 신경도 안 써요. 형식적
으로 하자가 없으면 옳은 것이고, 사람들을 설득하는 것도 자기
들끼리 설득이 되면 무조건 하는 겁니다. 대리투표 문제도 상식
이나 보편타당성 측면에서 논의되어야 하는데…….

이광수 만약 법원에서 유죄판결이 나왔다면 그대로 받아들였을
까요?

남종석 안 받아들이죠. 그랬으면 아마 '우파의 공격'이라고 할 겁니다.

최희철 저는 통합진보당 사람들을 '자주파'가 아니라 '민족좌파' (혹은 NL)라고 부르겠습니다. 엄밀하게 말하면 그들이 '좌파'는 아니지만, 우리나라에선 '진보'와 '좌파'가 비슷한 개념으로 쓰이니까요.

어쨌든 얼마 전 민족좌파 사람에게 '통합진보당 대리투표 사건'을 둘러싸고 내부 반발이나 이의 제기가 있었는지 물어봤더니, 제 질문에 대한 반발심으로 그랬는지 혹은 더 강한 자기 다짐을 보여 주려고 그랬는지 "전혀 없다. 오히려 더 똘똘 뭉치고 있다!"고 하더군요. 그 말을 들으면서 그들이 이번 사태뿐만 아니라 모든 문제를 늘 '옳고 그름'의 관점으로 보고 있다는 생각을 했습니다.

자기들이 한 일은 늘 옳다고 여기고, 옳지 않다면 객관적으로 '증명'해 보라는 식이죠. 어떤 사건을 매번 객관적으로 증명하는 것은 가능하지 않고 옳지도 않은 방식 같아요. 객관적으로 증명할 수 없다면 어떤 사건에 대해서도 비판할 수 없다는 것입니다. 가령 북에 대한 비판도 그렇습니다. 우리가 북을 객관적으로 완전히 아는 것이 불가능한데, 그런 이유 때문에 북을 비판해서는 안 된다는 식이에요.

"아는 것만 비판하라." 그렇게 말할 수는 있겠지만 가능하지 않은 일입니다. '대리투표 사건'도 그래요. 사건의 옳고 그름을 떠나 그 사건이 우리 사회 혹은 진보 진영에서 어떻게 작동하고 있고 어떤 파장을 갖고 올지를 생각해야 하지 않을까요?

통합진보당을 창당할 때도 그랬습니다. 3당 통합(민주노동당, 국민참여당, 새진보통합연대)을 '옳은' 그 무엇으로 만들려고 그렇게 애를 쓰더라고요. 명분을 쌓으려고 민주노동당 당대회에서 부결된 안을 다시 당대회를 소집해서 결국 통과시켰죠. 당대회에서 부결된 다음 3당 통합을 원하는 민족좌파 대의원과 당원들이 당대회 소집을 원한다는 서명운동을 벌이는 등 불법 아닌 불법적 행동으로 난리를 쳐서 다시 당대회를 열게 된 거예요. 방법적으로는 아무 잘못이 없다고 할 수 있겠습니다만, 그런 방식 자체가 3당 통합을 반대하던 비주류 당원들에게 엄청나게 큰 허탈감과 배신감을 안겨 줬습니다.

이광수 우리가 옛날에 다 민주화운동을 하면서 감옥에도 갔다 오고 그랬잖아요. 민주화운동을 할 때는 '옳고 그름'이 기준입니다. 그 '옳고 그름'에 대한 외부의 평가는 인정하지 않았어요. 우리 내부에서 옳다고 생각하면 옳은 것이었죠. 같은 맥락 아닌가요?

최희철 민족좌파들의 그런 방식이 그들 내부에서는 큰 갈등 없이 잘 통할지 몰라도, 당 내외의 다른 세력들에게 어떻게 비치고 받아들여질지 생각해 봐야 하는 것 아닐까요?

근본주의와 실용주의의
오묘한 결합

남종석 저는 자주파 집단 내부에서 다른 목소리가 나오지 않는 것이 가장 의아해요. 통합진보당 부정선거 사건 때도, 일명 '이석기 사건'▌때도 자주파에게는 내부 토론이라는 게 필요 없었어요. '옳고 그름'을 판단하는 것도 같은 맥락이에요. 그들이 조직에서 훈련하는 과정을 보면 '옳고 그름'의 판단을 조직의 지시에 따라서 합니다. '개인의 판단'이라는 것 자체가 존재하지 않아요.

이광수 결정적으로 '정파'가 중요하다는 의미인가요?

남종석 당내에서 어떤 쟁점이 형성되었을 때 스스로 문제를 제기해서 내부 토론을 붙이는 것이 아니라, 항상 자기 판단을 유보하고 조직의 판단에 따라 조직이 결정하면 같이 가는 식입니다.

▌ 국가정보원이 통합진보당 국회의원 이석기를 고발한 사건. 국가정보원은 이석기가 지하혁명조직 일명 RO(Revolutionary Organization)를 결성하여 대한민국 체제를 전복할 목적으로 합법/비합법, 폭력/비폭력적인 모든 수단을 동원하여 '남한 사회주의혁명'을 도모했다고 주장하며, 형법상 내란음모와 선동 및 국가보안법 위반 등의 혐의로 이석기를 고발했다. 2014년 2월 17일, 1심 재판부는 이석기에 대한 내란음모·내란선동·국가보안법 위반 혐의를 대부분 유죄로 인정하고 징역 12년에 자격정지 10년을 선고하고, 나머지 피고에게도 각각 징역 10년 이하와 자격정지 10년 이하를 선고했다. 그러나 이석기 그룹의 회합에 내란음모죄를 적용하는 것은 과도한 법적용이라는 의견이 많다. 이석기 그룹이 어떤 모의는 했을지언정 구체적인 행동 계획과 실천은 없었기 때문이다.

최희철 '옳고 그름'의 이원론적 판단을 고집하는 것은 일종의 '근본주의'죠. 자기들이 생각하는 '옳고 그름'에 모든 사건을 비춰보는 것입니다. '옳고 그름'의 판단은 이미 머릿속에 정해져 있어요. '옳고 그름'의 문제보다는 그 판단이 현실에서 어떻게 작동하고 그 파장이 어떤 결과를 가져올지 고민해야 하는데 말이에요. 참 단순한 것 같아요.

그러다 보니 함께 당을 하면서도 비주류 등의 이질적 집단은 늘 당의 주요한 문제에서 겉돌고 있다는 자괴감에 빠지게 됩니다. 소수의 의견을 애써 들으려 하지 않고 그저 형식적인 절차를 거쳐 정리하려고 하죠. 회의 방식도 그래요. 간혹 다양한 이야기가 좀 나오다가도 결국에는 중심에 있는 사람의 뜻대로 정리·통합됩니다.

이광수 이른바 정당을 하는 사람들이 왜 이질적인 집단과 '정치적 행위'를 하지 못하고 근본주의로 가는가, 그런 말씀이네요. 일률적으로 위에서 내려보내면 그대로 따라가는 것이 과연 민주주의 사회에서 적합한 행위일까요? 또 다른 문제도 있습니다. 기준 자체가 바뀐다는 것인데요.

남종석 자주파는 때로는 근본주의자면서 때로는 노골적인 실용주의자들입니다. 정책 이해관계에 따라 판단을 달리해요. 예컨대 앞에서도 말했듯 법원의 판단이 자기들한테 유리하면 "봐라. 우리가 옳다"고 하고, 반대로 유리하지 않으면 '우파의 공격'이라고 합니다.

민주당과 연대할 때도 자기들의 민주대연합 노선은 늘 정당하다고 하면서, 민주당에게 공격받으면 "보수야당은 원래 그렇다"는 식으로 비판해요. 놀라운 것은 그런 판단의 변화, 말 바꿈, 기회주의에 대해서도 자주파 내부에서 문제 제기가 없다는 것입니다.

이광수 항상 위에서 판단을 내리고 그대로 다 따라가죠. 그러니까 그 사람들보고 '주사파'라고 하는 겁니다.

남종석 근본주의와 실용주의, 두 가지가 결합되어 있어요. 정치적으로 경기동부연합을 보면 진짜 근본주의잖아요?

이광수 '근본주의+실용주의+봉건주의'라고 할 수 있어요. 위에서 결정하고 그대로 아래로 내려보내니까 봉건적이라는 겁니다.

이창우 그런데 2012년 4월 총선 때 이정희 후보의 움직임을 보세요. 통합진보당 이정희 후보가 관악 을에서 민주당 김희철 후보와 예비경선을 할 때 여론조사를 조작했다는 폭로가 나왔습니다. 그때 이정희 씨는 후보를 사퇴했습니다.
이정희 후보 입장에서는 억울할 수도 있었어요. 자기가 죄를 지은 것도 아니고, 또 여론조사에 대비해서 미리 전화번호를 수백 개 확보해 두는 식의 조직적 대응은 민주당에서도 공공연히 하는 일이고, 이런 대응이 실제 여론조사에 얼마나 영향을 미쳤는지도 미지수입니다. 그러니까 정 문제가 된다면 여론조사를 다시 하자고 한 것이죠. 이정희 후보는 자기가 직접 지시한 것도 아니니까 결백하다고 끝까지 버틸 수도 있었어요. 그런데도 사

자주파는 때로는 근본주의자면서
때로는 노골적인 실용주의자들입니다.
법원의 판단이 자기들한테 유리하면
"봐라. 우리가 옳다"고 하고,
반대로 유리하지 않으면 '우파의 공격'이라고 합니다.

퇴했거든요. 개인의 결백을 따지는 법리적 판단 이전에 그것이 야권연대에 치명적인 악영향을 미치고 있다는 인식 아래 정치적 판단을 내려서 사퇴한 겁니다.

2011년에 민주노동당 성남시의원 이숙정 씨가 동사무소 직원을 폭행했던 사건도 비슷하게 처리했습니다. 동사무소 직원이 민주노동당을 우습게 알고 무시한 것에 격분해서 벌어진 일이었는데도 당에서 이숙정 의원을 제명시켜 버렸습니다. 출당시켜 버렸어요. 국민 정서를 고려한 정치적 판단이었죠. 그들 입장에서는 천금을 주고도 살 수 없는 동지를 제명시킨 겁니다. 실용주의라고 할 수 있을까요? 이렇게 굉장히 현실적으로 대응했어요. 정치적으로 판단했고 국민의 눈높이와 정서를 고려해서 '이정희 사퇴', '이숙정 제명' 이렇게 처리했단 말이에요. 그런데 왜 '이석기 사건'에서는 그렇게 작동하지 않는 걸까요.

이광수 이석기가 '왕'이니까 그렇겠죠. 그러면 자주파가 이토록 강경하게 나오는 것도 이석기 등 지도부의 지시일까요?

남종석 이석기 사건에 대한 자주파의 강경대응은 핵심 지도부가 공격받기 때문일 겁니다. 이석기는 '경기동부'의 핵심 세력, 즉 총책에 해당하는 위치인데 그동안 선거 기획·광고 대행사를 운영하면서 배후 지도부 역할만 하다가 통합진보당 창당 과정에서 전면에 나서게 됐어요. 그런 핵심 지도부가 공격을 받으니까 더 거세게 저항하는 것이겠죠.

이광수 통합진보당·노동당·정의당 너나 할 것 없이 순결한 시민운동이라고 생각하면 안 됩니다. 정당이에요. 그래서 때에 따라 바뀔 수 있습니다. 그것은 문제가 되지 않아요. 그런데 노동당·정의당·녹색당은(녹색당은 성격상 근본주의적일 수 있지만) 그렇게까지 봉건적이지 않고 상황에 따라 기준이 바뀌더라도 그렇게까지 뻔뻔스럽지는 않죠.

이창우 정당이기 때문에 때에 따라 판단 기준이 달라질 수 있다 하더라도 일관성은 있어야 하지 않을까요? 물론 법 논리로 판단할 상황도 있고, 정치 논리로 판단해야 할 때도 있습니다. 그렇다고 해도 통합진보당 부정선거 사건은 이해하기 어려워요. 당에서 부정선거에 연루된 비례대표 후보들이 전원 사퇴하고 국민들에게 석고대죄하고 책임지자고 결정했을 때, 당권파(경기동부) 쪽에서 어떻게 했습니까? 누가 얼마나 잘못했는지 정확하게 따져 본 다음 적절하게 양형을 정해야 한다, 사퇴라는 극단적인 방법에 동의할 수 없다, 그런 입장이었어요. 그러면서 당이 깨질 때까지 버텼죠. 이건 정치 논리가 아니죠. 이럴 때는 법 논리를 고수하면서 이정희 사퇴는 정치 논리로 풀었다는 게 이해가 안 된다는 겁니다.

이광수 한 가지 묻겠습니다. 심상정은 그런 적 없습니까? 정치 논리와 법 논리를 왔다 갔다 한 적 없습니까? 외부에서 볼 때 말입니다. 그래서 국민들에 대한 책임정치 이야기가 나오는 겁니다.

그동안 진보 진영에서는 법원의 판단을 자의적으로 판단하는 일이 많았어요. 법원의 판단이 마음에 들면 정의가 승리했다고 하고, 그렇지 않을 때는 사법부가 죽었다고 하고, 우리에게 유리한 판결이 내려지면 그나마 사법부가 살아 있다고 하지 않았나요? 자주파만큼은 아니더라도 상당히 자의적이었던 건 사실 아닙니까?

이창우 그렇더라도 일관성은 있어야죠. 특히 정치인과 정당의 행위에서는 무엇보다 정치적 판단이 중요합니다. 법적으로 정당하더라도 정치적으로 옳지 못하다는 이유로 옷을 벗는 일이 얼마나 많습니까?

심상정의 경우는 제가 과문한 탓인지 모르지만 일관성 없이 기준을 바꿨다는 비판을 받은 일은 없는 걸로 압니다. 심상정이 가장 크게 비난을 받은 일은, 2010년 지방선거 때 진보신당 경기도지사 후보로 출마했다가 중도에 사퇴하고 유시민에게 후보를 양보했을 때일 겁니다. 심상정은 이 일을 '정치적 행위'로 평가받기 원했지만, 일부 당원들이 이 문제를 당기위로 끌고 갔어요. 정치적으로 평가받기 전에 이미 매장시킨 겁니다. '연대·연합 정치'와 '정치적 리더십'의 책임성에 대해 생산적인 토론이 이루어질 수 있었는데 그 기회를 박탈한 것입니다.

남종석 적어도 '기준'은 있어야 된다는 겁니다. 예컨대 우리가 '이 판결은 옳은 판결이다' '저 판결은 틀린 판결이다' 혹은 '보수 반동 판결이다' '진보적인 판결이다'라고 할 때, 인권이나 노동권 등 보편적 권리에 기초해서 이야기합니다. 적어도 노동당은 그래요. 저는 노동당 당원이니까 그렇다고 보고요, 다른 사람들은 그렇게 안 받아들여도 어쩔 수 없지만…….

자주파는 항상 공격이 들어오면 '정치 검찰' '우파의 공격' '반공주의 입장'이라고 이야기하면서 또 다른 문제는 실용적으로 해석해요. 그런 면에서 객관적인 기준 자체가 모호하다는 말입니다. 정치적으로 이익이 된다면 이렇게도 판단하고 저렇게도 판단하니까 실용주의자들이라고 하는 겁니다.

최희철 어떤 경우라도 너무 강하게 자신을 중심에 세우는 것은 문제가 있어 보입니다. 그런 경향이 너무 강하면 모든 사안을 자기중심적으로 해석하게 될 뿐만 아니라, 설령 자기 스스로를 비판하더라도 '자기'라는 중심을 파괴할 정도까지는 나아가지 못하죠. 쉬운 일은 아니겠지만 자신의 중심성도 비판할 수 있어야 진보정치가 제대로 되지 않을까요?

이광수 자주파 외에 다른 세력은 자기중심적이지 않습니까?

최희철 물론 자기중심성이 필요합니다. 하지만 자기중심성도 결국 주변과의 관계 속에서 이루어지는 것임을 잊어서는 안 될 겁니다.

이광수 자기중심성이나 남종석 씨가 말한 '기준'의 문제, '실용이냐, 정치냐'의 문제 등은 모든 진보 진영에 해당되는 것 아닌가요? 그런데 봉건성은 좀 다릅니다. 다른 진보세력과 달리 통합진보당(자주파)은 한 사람이 정하고 지시하면 그대로 따라가는 봉건성이 아주 강해요.

최희철 통합진보당도 하나의 대중정치조직 아닙니까? 일종의 유기체적 조직이죠. 과도한 자기중심성에 대해 다양한 비판은 가능하겠지만, 중심성을 '봉건성'이라고 규정하는 것은 좀 무리가 있어 보입니다. 중심성이 시대적으로 뒤떨어졌다는 의미는 아닌 것 같거든요. 중심성은 오히려 아주 민감한 현실적 권력 같습니다.

자주파의 힘
희생과 신뢰

이창우 '봉건성'이라고 간단하게 이해할 수 없을 것 같아요. 자주파 세력은 2008년 2월 민주노동당에서 진보신당이 분리되어 나간 다음 강기갑 대표 체제를 세워 민생을 중심 의제로 부각시켰어요. 민주노동당 분당 직전까지만 하더라도 자주파의 중심 사업은 반미자주화였어요. 맥아더 동상 철거 투쟁이나 탱크에 올라가서 미군 훈련을 막는 식의 반미자주화 투쟁을 꾸준히 해 왔습니다. 과거 운동권적 방식의 정치를 해 온 거죠. 그런데 민주노동당 분당 이후 진보신당이 경쟁자로서 진보 세력의 대표 정당을 겨루는 환경이 만들어지니까 돌변하더라는 겁니다. 반미자주화 투쟁은 수면 아래로 내려가고 민생 중심으로 가는 거예요. 그러니까 진보신당과 민주노동당의 차별성이 사라져 버렸어요.

분명 봉건적 성격을 갖고 있지만 정치를 하는 과정에서 달리 적응하는 거죠. 그렇게 변화하도록 강제하는 환경을 만드는 것이 '정치'라고 생각합니다. 자주파의 본 심성이 김일성에게 엎드려 절하는 것인지 모르겠지만, 그것은 사상과 양심의 자유 영역이고, 대중정치 세력이라면 국민들의 지지를 염두에 두고 지지 기반을 확대해야 한다는 것, 그런 현실적 압박을 지속적으로 가하는 게 '정치'라는 겁니다.

최희철 제가 당시 민주노동당 당원으로서 느끼기에 민생 문제 같은 것은 부수적으로 취급되는 것 같았어요. 가령 민주노동당 주류들은 대표였던 강기갑 씨도 자기들의 주요 주장이나 사업 추진에 걸림돌이 되면 언제든 가차 없이 버릴 수도 있겠다는 모습을 보여 주기도 했으니까요.

남종석 맞아요. 하지만 그럼에도 불구하고 그러한 행태가 굉장히 현실적이라는 겁니다. 강기갑 체제에서 민주노동당 내에서 경쟁자가 생기니까 민생 문제에 천착하면서 자신들의 정당성을 만들어 냅니다. 더구나 내부적으로 군사주의 노선을 논의할 수

예컨대 활동가 한 명에게 150만 원을 줘야 한다면,
자주파는 30만 원 주고 다섯 명을 써요.
이념이 그 희생을 책임지는 거예요.

있으면서도 민주당과 연정하겠다고 이야기했거든요. 저는 바로 이 점이 자주파의 힘이라고 생각해요.

이광수 그런 모습은 배워야 하는 것 아닌가요?

남종석 완전 널뛰기죠. 내부적으로는 전민항쟁을 할 수도 있고 때로는 총을 들 수도 있다는 노선을 고수하면서도, 현실적으로는 정부에 들어가서 국회의원·장관 자리 잡으면서 자기들에게 필요한 정책을 추진하겠다고 이야기하거든요.

이렇게 할 수 있는 것은 내부 중심이 확고하게 서 있다는 자신감이 있기 때문이에요. 조직적으로 판단해서 아닐 때 아니라고 말할 수 없다면 국회에 들어가거나 연정에 들어간 사람들을 당이나 조직이 통제하지 못합니다. 그런데 자주파는 어떤 활동가를 어디에 파견하든, 장관이 되건 뭐가 되건 간에 통제할 수 있다는 자신감이 있으니까 그렇게 널뛰기를 해도 문제가 없어요.

이광수 그럼 얘기가 나온 김에 자주파가 잘하는 것을 한번 말해볼까요? 배울 만한 것 말입니다.

남종석 첫 번째는 자기 노선에 기초한 정세 판단이 굉장히 현실적이라는 겁니다. 두 번째는 그들의 성향이 굉장히 근본주의적인데, 그런 근본주의적인 관점으로 인해 정치적으로 피해를 보더라도 내부에서 합의할 수 있는 구조를 갖추고 있다는 것입니다.

A로 가야 한다고 하면 당에 대한 지지가 떨어지더라도 A로 확실하게 밀고 갈 만큼 조직적 결의를 가지고 움직여요. 그러면서도 정치적으로 굉장히 현실적입니다. 실용적으로 조직을 확대하기 위해서 A, B, C가 필요하다고 할 때 D까지도 나갈 수 있는 거죠. 그래서 민주당하고 연정도 가능한 겁니다. 더 중요한 것은 조직의 지시를 무조건 믿고 움직일 수 있을 만큼 구성원들에게 신뢰를 준다는 것이죠.

이광수 어떻게 신뢰를 줬을까요?

남종석 희생입니다. 그것을 무시하면 안 돼요.

이광수 그러면 소위 '민중민주파'(평등파)는 왜 그렇게 희생적이지 못합니까?

남종석 첫째, 머리로 운동을 합니다. 운동이 안 되는 겁니다. 따지기만 하는 거죠. 두 번째는 현실적인 측면에서 민중민주파는 조직적 결속력이 없으니까 희생이 따르지 못합니다. 조직적 결속력은 이념에서 나옵니다. 이념적 동질성이 있어야 지금 30만 원을 받고 활동하더라도 감수할 수 있어요. 예컨대 활동가 한 명에게 150만 원을 줘야 한다면, 여력이 그것밖에 안 된다면,

우리는 한 명을 쓰잖아요. 자주파는 30만 원 주고 다섯 명을 써요. 그 사람들 문화입니다. 이것은 따라갈 수가 없어요. 이념이 그 희생을 책임지는 거예요. 이념은 별 것 없이 조잡하지만 신뢰의 기반을 잘 닦아 놓은 것이죠.

최희철 실제로 과거 민주노동당 시절을 돌아보면 실무자가 대부분 조직을 관리했는데, 실무자들의 급여가 아주 적었어요. 30만 원 정도일 때도 있었습니다. 그 정도 받아서는 기본적인 생활을 유지할 수가 없어요. 그러니까 이른바 PD들은 안 합니다. 아니, 할 수가 없다고 그래요.

가령 PD 쪽 사람 혼자서 실무자로 일하면서 100만 원 받고 있는데, 업무가 많아지면 NL 쪽에서 실무자를 한 명 더 쓰자는 의견을 냅니다. 그리고 NL 쪽에서 사람을 데려옵니다. NL 쪽에서 온 사람이 처음엔 돈도 받지 않고 일하니까 PD 쪽 실무자가 부담을 느끼게 되고 결국 급여를 반으로 나누게 됩니다. 그러면 결국 PD는 못 견디고 그만두게 되는 식이죠.

그런 면에서 NL 사람들은 끈기 있고 유연하면서도 악착같아요. 하지만 요즘 사회에서 그런 방식이 통할 수 있을까요? 진보운동이라고 해도 그런 방식을 좋아하거나 원할 사람은 없을 것 같아요. 그러니까 어떤 면에서 본다면 NL들은 소명의식이 매우 강한 것이죠. 마치 종교인들처럼.

'일심회 사건'과
민주노동당의 추락

이광수 본격적으로 민주노동당 분당에 대해 이야기해 봅시다. 진보신당이 분리되어 나오면서 판이 망가졌단 말이에요. 남아 있던 그 사람들은 위기의식을 느꼈을 겁니다. 그래서 더 살려고 실용주의로 가는 동시에 봉건성을 강화하면서 일사분란하게 움직이고, 그러다 진보정당의 상황이 악화된 것 아닐까요? 뛰쳐나오지 않고 같이 있었다면 저 사람들이 저렇게까지 망가지지는 않았을 텐데. 최희철 씨처럼 탈당하지 않고 남아 있었다면 조금은 나아지지 않았을까? 그런 생각이 들어요. 전체 진보정당 진영의 상황이 지금보다는 낫지 않았을까요? 너무 이상적인 생각인가요?

남종석 저는 그 의견에 전적으로 동의합니다. 예전에는 이렇게 생각했어요. 진보신당을 하든 민주노동당을 하든 내가 동의하는 이념이 당을 주도해야 한다, 어떤 '이념' 혹은 '주의'는 아니더라도 전반적인 당의 흐름은 내 입장대로 가야 한다는 거죠. 쉽게 말해 소수파로서 당내에서 '왕따'당하고 주변화되고 무시당하면서 지낼 수 없다는 것이 진보신당 사람들, 그러니까 맨처음 민주노동당을 만들었던 사람들의 생각이었어요. 왜 그랬냐면 이 사람들이 민주노동당을 만들었거든요. 자주파는 우리보다 나중에, 2002~2003년도쯤 들어왔잖아요. 그러니까 PD들은 '우리 당인데 저 사람들에게 먹혀 버렸다. 그래서 나간다'는 것이었습니다, 그것이 근본적인 오류였어요. 민주노동당이 분리되면서 그때부터 민주노총이 박살이 났거든요. 그전까지는 두 조직이 같이 커 가려 했다면, 이제 자기 당파를 만들기 위해 조직을 만드는 방식이 된 겁니다. 예컨대, 민주노총은 산별의 형식으로 하위 단위노조들이 가입하잖아요. 자주파들은 산별노조 지도부가 자신들과 입장이 다르면 원래 소속되어야 하는 산별에 가지 않아요. 독자적인 노조를 만들거나 자주파가 다수파인 쪽으로 스스로를 귀속시키지요. '학교비정규직 노조 갈등'이 대표적인 사례이고, 그 외에도 정말 많아요.

PD를 포함하여 이른바 비NL 계열이 NL이 주도하는 흐름 속에서 소수파로 있으면서 전체 운동을 키우고 내부적으로 그들이 극단화되는 것을 조정하는 역할을 했어야 하는데, '우리가 생각하는 방향이 옳은데 저들이 틀린 일을 하니까 같이할 수 없다'고 생각했어요. 진보정당에서 하려는 것이 뭡니까? 정치 아닙니까? 정치가 이념형을 실현하는 것은 아니거든요. 이념형이 A라면 적어도 어디까지는 해야 한다는 목표를 정하고, 그것이 C라고 할 때 C까지만 된다면 아무리 기분이 더러워도 참으면서 판을 키우는 방향으로 갔어야죠.

이창우 그에 대해서는 이견이 있을 수도 있어요. 2007년 대선에서 권영길을 대통령 후보로 만들어 가는 과정과 '일심회 사건' (일명 '최기영 사건')을 돌아볼 필요가 있습니다.

이광수 노회찬 떨어뜨리려고 온갖 추잡스럽고 더러운 짓 다 할 때 말이죠?

이창우 2007년 대선 때 자주파가 내세운 권영길 후보는 3퍼센트 지지로 주저앉아 버렸습니다. 득표수도 2002년보다 적었죠. 물론 양당 구조 아래서 제3당 후보가 얻을 수 있는 표가 많지 않다고 하더라도, 그때 노회찬이나 심상정 같은 새로운 주자를 내세웠다면 어땠을까요? 그때 자주파가 정파 이익을 앞세우지 않고 당원들의 자유투표를 용인했다면 결과는 달랐을 겁니다.

제 주변에도 노회찬이나 심상정을 지지한다는 분들이 많았어요. 그러나 자주파는 당내에서 자신들의 영향력을 강화시키려고 권영길 후보와 손을 잡고 조직을 가동해서 선거운동을 했습니다.▌ 당이 망가지든 말든 자기 정파 이익만 챙기겠다는 이런 행태를 '패권'이라고 비판한 겁니다. 당에서는 그들을 도저히 제어할 수 없었어요. 노회찬 후보를 비방하는 흑색선전 영상을 만들어 뿌리는 등 금도를 넘어서는 일이 벌어지고, 과도한 정파 경쟁을 벌여 내부에서 당을 망가뜨리고 있는데도 막을 수가 없었죠.

당 위에, 당 꼭대기에 정파가 있었어요. 그것이 극단적으로 드러난 예가 이른바 일심회 사건에 대한 자주파의 태도였습니다. 당 고위직 간부 최기영(중앙당 사무부총장)이 당의 주요 인사 300여 명의 신상 기록을 북한에 제공하는 등, 일반인의 상식으로 납득할 수 없는 일을 벌였습니다. 친북 행위 여부를 떠나 중앙

▌ 이때 자주파의 일부인 인천연합은 권영길을 지지하지 않았다. 이는 훗날 통합진보당과 정의당이 분리될 때 인천연합이 자주파 대오에서 갈라져 나오는 실천적 경험의 근거가 되었다.

탈당하지 않고 남아 있었다면 조금은 나아지지 않았을까?
전체 진보정당 진영의 상황이 지금보다는 낫지 않았을까요?

당 간부가 자기 당 주요 인사들의 신상 기록을 가져다가 북한에 제공하는 게 말이 되는 일입니까? 이런 당기 문란 사건이 일어나면 소속 정파가 어디든 출당을 요구하는 것이 상식 아닙니까? 그런데 자주파는 이 사건을 '국가보안법에 의한 부당한 탄압'으로 규정하고 동지를 지켜야 한다며 조직적으로 반발했습니다. 일심회 사건으로 민주노동당이 국민들에게 '간첩당'이라고 비난받고 있는 상황에서 말입니다.

최희철 최기영은 자기가 넘긴 정보의 내용이 별것 아니다, 언제든지 인터넷에서 구할 수 있을 정도의 내용이라고 말했죠. 하지만 아무리 인터넷에서 구할 수 있는 정보라고 해도 그것을 어딘가로 수집하여 넘긴 것은 차원이 좀 다른 이야기 같아요. 즉, 정보의 보안 수준이 낮아서 별게 아니라는 것과 그것을 취합해서 누군가에게 보고하는 행위는 질적으로 다른 것으로 봐야 한다는 겁니다. 보고된 자료의 성격 자체가 질적으로 변화되는 것이니까요. 수집한 사람과 보고 받는 사람의 관점에서 나름대로 의미와 기준을 갖고 선별한 자료니까요.

이광수 아무리 본인이 별것 아니라고 해도 북한 사람들에게 갖다 줬다면 간첩 행위 아닌가요?

최희철 그렇게 볼 수 있는 여지가 충분합니다.

이창우 민주노동당은 초기인 2004년 총선에서 13퍼센트의 정당 지지를 받고 국회위원 10석을 얻었어요. 지지율이 수직 상승했습니다. 24퍼센트까지 올라갔어요. 민주노동당 기자회견실에 기자들이 미어터지니까 당사를 하나 더 얻어서 기자회견실을 넓혔어요. 기자들이 상주하면서 뉴스가 쏟아져 나올 거라고 기대할 만큼 엄청난 주목을 받았습니다. 제3당이 최초로 탄생했고, 단번에 10석을 얻었으니까요. 그것도 사민주의적 노선을 내세운 새로운 정당이 등장했으니까 신선한 충격이었고 기대가 컸습니다. 바로 그 순간, 자주파가 당에 들어오면서 당권 경쟁이 벌어지고, 서로 치고 박고하면서 별로 생산되는 내용이 없어졌죠.

남종석 당권 경쟁을 했는데 우리가 그것에 익숙해지지 않았던 거죠. 그 이전에는 함께 당을 키우자는 문화가 있어서 대의를 보며 달려왔는데 주사파라는 거대한 힘이 들어오니까 ……

이광수 그때는 이미 당 안에 들어와 있었어요.

남종석 아닙니다. 들어와서 다수를 장악해 들어가는 과정이었죠.

이광수 정파주의를 과도하게 앞세운 것이 문제였어요. 당이 깨지더라도 자기 정파만 밀고 갔던 것이.

이창우 그렇게 해서 김창현 사무총장 체제가 꾸려졌습니다. 최고위원 선거도 '1인 7표'라는 이상한 투표 방식으로 자주파들이 다 먹으면서 실질적으로 당을 자주파가 운영하게 된 거예요. 그렇게 자주파 입맛대로 당을 운영해서 어떻게 됐습니까? 당 지지율이 계속 떨어졌어요.

이광수 그때 맥아더 동상 철거 투쟁 했잖아요.

이창우 이래서는 안 된다. 유권자들이 지지해 준 부유세·무상교육·무상의료 같은 민주노동당의 프로그램을 추진하고 민생 중심 노선으로 가야 한다고 계속 이야기했지만 제대로 안 됐고, 그 배경에 당권파의 일방적인 당 운영이 있었던 거죠. 그 이후에도 문제는 해결되지 않았습니다.

자주파의 당 운영 실패가 드러난 상황에서 당대표 선거가 치러졌습니다. 그때 자주파는 문성현 씨를 내세워서 세칭 PD를 비롯하여 비자주파 후보인 조승수하고 붙었어요. 그전에 그렇게 높았던 당 지지율이 자주파가 당을 장악하고 난 뒤 완전히 내려앉았으면 그 다음 치러진 당내 선거가 그에 대한 심판 기능을 해야 하는데 전혀 못했어요. 여기에 정파 패권의 문제가 있는 거죠. 다시 자주파가 당 대표를 먹습니다. 바뀐 건 없죠. 심판 기능도, 자정 기능도 없는 동맥경화 그 자체죠.

자주파가 당 대의원대회와 중앙위원회에서 압도적 다수를 차지하고 있으니, 마치 암세포처럼 당 내부에서 당을 공격하는 일이 벌어진 겁니다. 자정 기능이나 선거를 통한 권력 심판과 교체 기능이 전혀 작동하지 않는 상황이 굳어져 있었고, 대선이 있었고, 3퍼센트를 얻은 권영길이 있었고, 그 다음 일심회 사건이 치명적이었죠. 여기서 어떤 다른 선택을 할 수 있었을지 회의적입니다.

심상정 비대위의
무리수

이광수 지금은 엉망이 되어서 진보가 완전히 나락으로 떨어져 있습니다. 그러니 합리적 선택이었는지의 여부를 떠나 후회가 되지 않느냐는 것입니다. 정치는 결과입니다. 합리성이 무슨 의미가 있습니까?

이창우 진보정당이 지리멸렬해진 현 상황의 모든 책임을 민주노동당 분당에 묻는 것이 타당한가요?

이광수 분당하지 말자고 계속 물고 늘어졌으면 좀 낫지 않았을까요?

남종석 어차피 지금은 결정을 되돌릴 수 없습니다. 소위 자주파가 워낙 발가벗겨졌기 때문에, 그들의 노선을 인정한 채 우리가 그들과 다시 합치거나 연대하는 것은 쉽지 않습니다. 말도 꺼내기 힘들죠. '이석기 그룹'(경기동부)은 넘을 수 없는 선을 넘어 버렸어요. 현재로서는 더 이상 같이해 볼 수 있는 상황은 아니에요.

진보 진영 전체를 놓고 본다면, 좌파가 분리해 나오고 자주파는 자주파대로 근본주의가 강화되면서 상황이 훨씬 더 안 좋아진 거죠. 그 안에서 싸웠더라면, 자주파가 대의원·최고위원 다 장악하고 있어서 좌파를 대변할 수 있는 자리가 많이 봉쇄되었더라도 그걸 참으면서 어떻게든 가야 했다고 생각합니다. 가야 했어요. 그걸 참고 견디면서 5년이고 10년이고 함께하면서 전체적으로 운동을 하건 진보좌파의 복원을 추진하건 이런 방식으로 움직였어야 했습니다. 물론 저 자신도 진보신당이 분리될 때 이렇게 생각하지 못했습니다. 오류를 범했어요. 더군다나 통합진보당은 우리가 인정하든 않든 간에 운동진영·진보 진영의 다수파인데, 좌파들이 "쟤들은 원래 저런 놈이다" 손가락질하면서 "우리는 아니다" 말해 봐야 일반 사람들은 아무도 믿지 않아요.

이창우 분당 마지막 시점을 돌아보면, 그때 심상정을 민주노동당 문제 해결의 핵심이었던 비상대책위원회 위원장으로 세우고 "너희들의 정치적 선택이 당을 지지율 3퍼센트까지 추락시켰다"고 공개적으로 공격하니까 자주파 입장에서는 굉장히 민망한 처지에 놓였어요. 그들이 또 "우리가 하겠다"고 나서기에는 미안한 상황이었습니다. 게다가 일심회 사건까지 터져서 당분간은 자주파가 패권을 행사할 수 있는 조건은 아니었어요. 그럴 때 비대위에서 제출한 혁신안이 부분적으로 부결되더라도 타협해서 '심상정 비대위'를 좀 더 끌고 가고, 실질적인 혁신안을 내놓으면서 당을 개혁할 수는 없었을까? 그런 아쉬움은 남아 있습니다.

남종석 '심상정 비대위'가 자주파에게 좀 무리한 요구를 했죠. 저는 개인적으로 그렇게 생각합니다.

이창우 최기영 출당이 무리한 요구인가요?

남종석 안건에 대한 판단을 말씀드리는 겁니다.

이광수 조금 구체적으로 탈당 마지막 지점을 복기해 봅시다. 도대체 어떤 일들이 있었는지. 최기영 사건이 왜 그렇게 중요하다고 생각했는지. 마지막 비대위 안을 다 받아들였는데 최기영 건만 못 받아들인 이유가 무엇인지. 그 사건 하나가 해결이 안 됐다고 당을 깨고 나온 것은 좀 문제가 있지 않았나요?

최희철 당대회에서 심상정 비대위가 내놓은 안건이 하나가 아니었어요. 안건은 10개 정도였고 그중 하나가 최기영 사건이었죠. 최기영 사건이 1번 안건으로 상정되었는데 중요한 사안인 데다가 논란이 많을 것 같아 후순위로 넘겼습니다. 처음부터 그 안을 처리하면 당대회 에너지가 폭발해 버릴까 봐 염려한 것입니다. 어쨌든, 결의문을 포함해서 다른 안건은 부결되든 통과되든 문

▌당시 진보신당 창당 추진파인 PD 계열의 '전진'과 NL의 '경기동부'는 서로 정반대의 의미에서 심상정 비대위에 반대했다. 그러나 분당에 반대하고 당 혁신을 통한 재창당을 원했던 NL의 인천연합과 PD 일부그룹, 중간파의 힘으로 수월하게 심상정 비대위가 출범하게 된 것이다.

'최기영 사건'이 진보를 이 지경으로 만들 정도로
그렇게 엄청난 사건이었다면,
그때는 왜 조금 더 정치적 문제로 접근하지 않았을까요?

제없이 넘어갔어요. 그러다가 마지막에 최기영 안건이 상정되니까 최기영 안건을 당기위원회로 넘기자는 의견을 비롯해서 몇 개의 수정안이 제출되었어요. 다른 수정안이 모두 부결되고 최기영 안건을 폐기하자는 안을 놓고 격렬한 토론이 벌어졌는데, 결국 그 수정안이 통과되어 버리니까 심상정 씨를 필두로 비대위원들이 퇴장해 버렸죠.

그리고 이덕우 씨가 임시 의장을 맡았는데 '성원 확인' 요청이 있었고, 이미 많은 대의원들이 퇴장해 버린 상태라 성원 미달로 당대회는 산회되어 버렸습니다. 수정안 찬반 토론을 하면서 양측의 감정이 격앙되었고, 마치 '치킨게임'처럼 서로 한 치의 양보도 없이 격돌해 버린 것이죠. 사실 양측 모두 민주노동당이 깨져도 자신은 살아날 길이 있다고 예상했던 것 같습니다.

개인적으로 보면 당대회에 상정된 안건이 '최기영 건'만 있는 게 아니니까, 그게 부결 혹은 폐기되었더라도 일단 모든 안건이 다 처리되고 난 뒤 심상정 비대위가 입장을 발표하는 식의 수순을 밟았으면 더 좋지 않았을까 생각을 해 봅니다. 민주노동당이 최기영 사건 하나에만 얽매여야 하는 것은 아닐 텐데 많이 아쉬웠어요.

최기영 사건이 향후 당의 방향을 결정할 가장 핵심적인 문제였다고 한다면 어쩔 수 없지만, 대중정당에서 그런 일 하나를 유연하게 처리하지 못한다면 대중들이 어떻게 생각할까요? 비대위는 결국 '최기영 사건'을 처리하기 위한 것이었고, 그 건으로 서로 분당의 빌미를 제공하고 명분을 얻어 가려는 것처럼 보였습니다. 그 모든 게 우리 진보정치의 '미성숙' 아닐까요?

남종석 미성숙한 면이 있었죠. 최기영 사건은 출당이든 제명이든 당기위에서 결정하도록 위임하고, 편향적 친북 행위 등은 대국민 선언으로 사과하고, 내부 성찰을 조율했으면 좋았겠죠. 물론 타협과 조정이 잘 되었을지, 지금 와서 장담할 수는 없지만 말입니다. 하여튼 "종북 싫으니까 나갈래" 한 것은 성급했어요. 저 자신을 포함해서.

이광수 '최기영 사건'이 진보를 이 지경으로 만들 정도로 그렇게 엄청난 사건이었다면, 그때는 왜 조금 더 정치적 문제로 접근하지 않았을까요? 그게 조금 아쉽습니다.

최희철 '최기영 사건'을 임시 당대회 안건으로 넣어 정파적 싸움으로 만든 것은 미숙한 정당 운영이죠. 물론 '최기영 사건'이 그 자체로 많은 문제를 안고 있었던 것은 틀림없지만.

이광수 떼어 버리고 나오려고 작정을 하고 정당화하는 과정을 밟았다는 말인데……, 그래서 자주파도 기분이 나쁘지 않았을까요? 정치는 여지를 남겨 두어야 하는 것인데요.

최희철   PD들은 그때 이미 많은 수가 탈당을 한 상태이지만, 남은 사람들 중에는 심상정 씨가 비대위원장이 되었으니까 일말의 기대감을 갖고 비대위가 주관하는 당대회의 결과를 보고 판단하겠다는 PD, 아니 '탈당파'도 많았습니다.

앞에서도 이야기했지만, 심상정 비대위가 민주노동당의 잘못을 바로잡겠다고 나섰다면 좀 더 유연하고, 종합적이며 미래지향적인 태도를 보였어야 했던 것은 아닐까요? '최기영 사건'이 큰 사건이긴 했지만 민주노동당을 분당시킬 만한 명분은 아니었다고 보여지거든요.

이창우   진보정당 역사의 중요한 한 국면이었죠. 비대위의 혁신안을 다루는 당대회에 여러 가지 안이 올라오고, 마지막에 최기영 건이 부결되는 것을 보고 갈라서는, 그렇게 명분을 축적했다가 갈라선 것이 문제였어요. 다른 혁신안은 수용이 됐고, 최기영 사건은 절충안을 찾아서 처리한다면 나름대로 혁신의 모습을 갖춘 셈인데, 왜 그 과정이 없었을까요? 그동안 많이 논의되지 않았던 부분인데, 복기를 해 보면 중요한 장면이죠.

▌최기영 문제가 포함된 비대위의 안건은 최기영의 탈당 혹은 제명을 결정하는 내용은 아니었다. 비대위 집행부가 최기영 등 일심회 관련자들을 이런저런 근거를 들어 제명해야 한다는 내용으로 당기위에 제소했고, 이를 당대회에 사후 보고하는 형식이었다. 이에 대해 PD 계열 다수는 이미 분당하기로 결정했기 때문에 안건에 찬성하지 않았고, 경기동부는 비대위 집행부가 당기위에 제소했으면 그것으로 끝낼 일이지 당대회에 이 내용을 보고하는 것은 집행부가 최기영의 당기위 제소에 동의하라는 협박과 다름없다며 격렬하게 반대했다. 인천연합과 PD 일부 그룹이 수정안을 내며 양쪽을 설득하고 조정하려 했지만 실패하였다.

평등파의 착각
"땅을 치고 후회할 일"

이광수 굉장히 중요한 이야기예요. 정말 왜 그렇게 되지 않았을까요? 저는 이미 그전에 더 빨리 선도 탈당해서……, 제가 죽일 놈이지요. 저 스스로 반성하고 있어요.

반성하는 지점은 이런 겁니다. 평등파 가운데 탈당한 사람들은 민주노동당이 24퍼센트의 지지율을 얻고 국회의원 10명을 만들어 낸 게 우리인데, 자주파가 다수라는 이유 하나만으로 조직만 관리하고 별로 기여한 것도 없으면서 다 가져간다고 생각한 겁니다. 그런데 그런 짓은 자주파만 한 건 아니었어요. 우리들 비NL 사람들도 다 했던 짓이란 말입니다. 우리도 당내 선거에서 '누구를 후보로 올리자' 그런 짓 하지 않았습니까?

쉽게 말하면, 내부 당권 투쟁에 들어간 건데 우리는 자신감이 있었어요. 국민들이 우리를 지지해 줄 것이다. 왜? 자주파는 생각이 모자라니까. 그동안 국민들이 권영길로 대표되는 이미지, "국민 여러분 행복하십니까? 잘살고 계십니까?" 식의 사민주의적 정책과 이미지를 보고 자주파가 아닌 우리를 지지한 거라고 착각한 겁니다. 그래서 자신 있게 나온 거예요. 지금 돌이켜 보니 손등을 찍고 싶을 정도로 저열한 수준의 생각이었어요. 정말 한심할 정도로 비정치적인 사고였고, 우리가 패권을 쥐고 싶은 마음에 실력도 없으면서 착각했던 겁니다.

정권을 잡으려고 한다면 국민들을 설득해야 하잖아요. 국민들을 설득하는 일이 쉽겠어요? 일반 보수적인 국민들과, 정파는 다르지만 그나마 동지라고 앉아 있는 자주파 중에서 누구를 설득하는 것이 더 쉽겠어요? 정권을 잡으려고 마음을 먹었다면, 생각과 문화가 다르더라도 그들부터 뚫었어야 한다는 후회가 듭니다. 그 사람들과 접촉면을 넓히고 술 먹고 당구 치고 부대끼면서 밀고 당기고 해서 어떻게든 정파를 약화시키는 노력을 하는 게 더 낫지 않을까? 자주파 사람들은 이쪽 사람들을 데려가는데 우리는 왜 그 사람들을 못 데리고 왔을까? 리영희 선생님 말씀처럼 '역逆도미노 이론'▌은 왜 안 되냐는 겁니다.

좀 더 노력했어야 하는데 못했습니다. 왜 못했냐? 우리가 뛰쳐나가면 국민들이 우리를 지지해서 자주파는 몰락하고, 우리가 좌파를 대표할 수 있다는 착각을 한 거죠. 땅을 치고 후회할 일입니다.

최희철 당시 정황을 보면 PD들은 별로 노력하지 않았던 것 같아요. 오히려 민주노동당을 깨려고 애를 썼다는 느낌이 훨씬 더 강해요. 일종의 피해의식, 아니면 보복심리라고 할까요. 그리고 자신들이 민주노동당에서 분당해 나가도 최소한 이것보다는 나

▌ 도미노 이론은 미국의 국무장관 덜레스John Dulles가 1954년 남베트남(월남)의 응오 딘 지엠Ngo Dinh Diem 정권에 대한 아이젠하워 정부의 경제원조를 정당화하기 위하여 사용한 용어이다. 중국·북한·월맹(북베트남의 호치민 정권)의 뒤를 이어 월남마저 공산화되면 동남아시아 주변 나라들도 차례로 공산화될 것이니, 이를 막기 위해 미국은 지엠 정권을 도와야 한다는 것이다. 이 이론은 박정희 독재정권의 반공국가주의를 정당화하는 방편으로 사용되었으나, 리영희 선생은 역으로 자유주의를 제대로 세우면 공산주의 국가들도 자유주의화될 수 있는 것 아니냐는 논리로 이 이론을 반박하였다.

을 거라고 생각했던 것 같아요. 대체로 탈당을 강력하게 외치는 사람들은 PD 중에서도 그런 피해의식과 보복심리, 그리고 살아남을 수 있다는 생각이 강했던 사람들로 보였습니다.▌

남종석 최기영 사건 이후 민주노동당 내 평등파들은 자기들이 종북주의를 비판하면 대중적인 지지를 받을 줄 알았습니다. 저부터도 그렇게 판단했고요. 정말 잘못된 정세 인식이었어요. 국민들은 자주파가 뭐고 평등파가 뭔지 잘 모르거든요. 당내 쟁점은 말할 것도 없고요. 진보신당이 왜 분리하는지도 당연히 모르죠. 거기다가 자주파 사람들은 불리하면 민생 잘 챙겨요. 강기갑도 잘하고, 이정희는 얼마나 잘했습니까?

이광수 심하게 이야기하면, 민주노동당에서는 평등파가 아이디어 내고 자주파가 발로 뛰고, 그렇게 죽이 맞아서 돌아간 겁니다. 자주파는 머리가 잘 안돌아가고, 평등파는 발은 안 움직이고 입만 가지고 살아요. 그게 잘 맞아서 돌아간 건데, 그 좋은 조합을 깨 버린 것이 현재 상황에서는 너무 안타까워요.

남종석 다시 말하지만, 좌파를 비롯한 이른바 비NL이 소수파로서 적응하려는 노력을 더 했어야 했는데……. 물론 처음에는 맨

▌ 그래서 당시 PD 그룹의 최대 정파인 '전진'은 다수인 선도탈당파와, 소수인 비대위 찬성·민주노동당 재창당파로 분열한다.

> 당시 PD들은 오히려 민주노동당을 깨려고
> 애를 썼다는 느낌이 훨씬 더 강해요.

날 배제됐어요. 대의원대회에서도, 전국회의에서도, 대표회의
에서도. 그런데 자주파는 어떻게 하냐면, 자기들이 위기에 처하
면 항상 제3자를 내세웠습니다. 문성현 내세우고, 권영길 내세
우고, 그렇게 정당성을 만들어 내는데 평등파는 우리 아니면 안
된다는 생각이 있었어요.

이창우 민주노동당 분당 때 심상정 비대위원장은 선도탈당파에
대해 비판적이었습니다. 지역구에서 총선을 돌파해야 하는 입
장에서 민주노동당에서 떨어져 나가 시베리아 벌판에서 싸워야
하는 상황이 부담스러웠겠죠. 여러 가지 정치적 계산을 할 수
밖에 없었을 겁니다. 일심회 사건과 대선 패배로 당내 자주파의
입지가 좁아진 상황에서, 심상정 비대위를 중심으로 힘을 모으
는 것이 최선의 선택이라고 판단했겠죠. 그렇게 민심을 등에 업
고 당을 혁신해서 환골탈태시키자는 것이었는데, 선도탈당파들
은 자주파 패권이 너무 뿌리 깊다고 봤고, 3퍼센트라는 참담한
성적표를 민심이 사망 선고를 내린 것이라고 규정하면서 계속
당에 남아 있는 것은 같이 침몰하는 길이라고 인식했죠.
비NL 사이에 소통이 되지 않았어요. 심상정과 노회찬에게 개인
의 입신을 위해 자주파와 타협하려는 것 아니냐고 몰아치면서

선도탈당파가 먼저 나가고, 그것이 계속 심상정 비대위를 흔들면서 선택지를 좁혀 버렸어요. 그런 측면에서 객관적으로 복기해 볼 필요가 있습니다.

이광수 자살 행위였죠.

이창우 자살 행위로 규정하는 것은 또 다른 문제죠.

남종석 저는 당에 전혀 관여하고 있지 않았지만 상황을 지켜보는 선에서 선도탈당파였는데요, 그 선택을 하면서 내부 혁신을 할 수 있는 흐름을 완전히 약화시켰던 건 사실입니다. 심상정 비대위는 사실상 고립됐어요. 좌파들 일부는 이미 나가 버렸고 자주파는 견고한 성을 구축하고 있었으니까요. 그래서 극단적인 카드를 던질 수밖에 없었던 겁니다. 민주노동당에서 전권을 잡고 무엇을 하든지, 아니면 나가든지 두 가지밖에 없었거든요. 사실 심상정 비대위의 주장에는 무리한 것이 많았어요. 비대위에 초법적 권력을 둔 것 말입니다. 자주파 입장에서는 굳이 저렇게까지 할 필요가 있냐는 불만이 충분히 나올 수 있었어요.

최희철 제가 속했던 해운대 지역위원회 상황을 돌아보면, 선도탈당파 중에도 핵심적인 인물이 몇 명 있었어요. 그들이 탈당할 사람의 목록을 정리하고 유인물을 만들어 지역 내 운영위를 찾아다니며 배부하곤 했어요. 미리 탈당 가능한 사람을 정하고, 여러 겹으로 접촉해서 탈당을 권유하고 카페도 따로 만들고, 지금 생각하면 어린애 장난 같은 일이었어요.

저는 민족좌파와 평등파의 속성이나 수준이 비슷하다고 봅니다. 해운대 지역 평등파들도 지역위원회 선거에서 민족좌파가 핵심 간부가 되는 것을 막으려고 미리 '세팅'을 하거나 자기들끼리 회의하고 그랬거든요. 제가 사무국장에 출마한 것도 그런 것과 관련이 있지요.

남종석 원래 핵심 인물이 탈당하면 그 주변 사람들도 자연스레 따라 행동합니다. 그건 당연한 일이죠. 대중들이 스스로 알아서 상황을 판단하지는 않아요. 대중들은 쟁점을 알 수가 없거든요. 대략적으로만 알 뿐이지요.

이창우 심상정 비대위로서는 선도탈당파를 회군시키기 위해서도 강도 높은 혁신안을 밀어붙이지 않을 수 없었을 겁니다. 비NL 세력이 당을 나가 버린 상태에서 자기만 남아 있을 수는 없었으니까요. 그래서 탈당파에게 "이렇게 할 테니까 통과되면 다시 와 달라"는 메시지를 혁신안에 포함시킬 수밖에 없었죠. 그 혁신안이 받아들여지면 명분이 생기고, 받아들여지지 않을 때는 민주노동당에 잔류한 세력들을 진보의 혁신을 거부하는 세력으로 고립시키면서 새로운 진지를 구축할 수 있었을 테니까요.▌

▌2008년 2월 3일 당대회 전에 선도 탈당한 사람은 500여 명 정도로 많은 수는 아니었다. 대다수는 2월 3일 당대회에서 비대위 혁신안의 통과 여부를 지켜보겠다는 입장이었다. 당대회 이후 탈당자는 5,000여 명으로 선도 탈당의 10배에 이르렀다. 물론 선도탈당파의 문제의식에 공감했던 사람들은 비대위의 안을 지지하지 않았다.

이광수 정리해 보면, 결국에는 선도탈당파가 사태를 만들었다고 해도 과언이 아니네요. 제가 탈당파였으니까 더욱 책임감을 느낍니다. 이미 지난 일이지만.

'탈당 전문가' 양산하는 증오의 정치

최희철 2006년 조승수와 문성현이 당 대표 경선할 때, 2007년 대선 후보 선출할 때도 갈등이 있었지만, 대통령 선거운동하면서 '코리아 연방제' 같은 통일 관련 공약을 놓고도 엄청 갈등이 심했죠. 가령 부산 해운대와 기장 지역위원회에서는 선거 차량에서 그 슬로건을 아예 빼 버렸어요. 아마 민족좌파가 지역위원회의 주도권을 잡고 있었다면 상황이 달라졌을 겁니다.

그리고 대선에서 3퍼센트의 낮은 득표율을 얻은 데다, 대선이 끝날 무렵부터 시작해서 대선이 끝나자마자 최고위원과 총선 후보 선출의 '1인 2표제' 도입 문제를 논의하면서 평등파가 엄청난 정신적 스트레스와 피해의식을 느낀 것 같아요. 대선에서 저조한 실적으로 스트레스는 계속 쌓이지, 민족좌파한테 힘에서는 밀리지, 민족좌파가 하자는 대로 하려니까 되는 일은 없고 앞으로 자신들의 갈 길도 험난해 보이지……, 그런 게 종합되어서 폭발한 것으로 보입니다. 게다가 분당되는 시점에는 총선을 목전에 두고 있어서 타협이 더 어려웠던 것 같아요.

남종석 100년 가는 정당을 만드느냐, 5년짜리 정당을 만드느냐의 문제예요. 100년짜리 정당을 만들려면 정치적으로 마음에 안 드는 상황이 벌어지거나 혹은 소수파가 되었을 때도 끈질기게 버티면서 작업하는 자세가 필요한데 우리는 그렇지 못했습니다. 요즘 노동당에서도 툭 하면 탈당하겠다고 하고 당에서 나갑니다. 이유를 물으면, 이런저런 문제가 해결이 안 돼서라고 해요. 우리는 너무 이념에 익숙하고 가치를 위해 살아오다 보니까 나랑 안 맞으면 '때려치운다'는 생각이 강해요.

이광수 농담이지만 제가 '탈당 전문가'라는 말을 듣게 돼 버렸습니다. 제 스스로 뿌듯해 하면서 말하기도 했는데, 지금 생각해 보면 정말 부끄러운 일입니다.

이창우 언제가 결정적 시기인지 판단하기가 쉽지 않아요. 그때는 정말 더 이상 못할 것 같았어요. 심지어 그 안에서 말라 죽느니, 차라리 얼어 죽더라도 나가는 게 낫다는 말이 상당한 설득력을 얻었거든요.

남종석 기대 심리가 너무 컸죠. 나가서도 얼마든지 독자 생존할 수 있고 자주파는 정치적으로 고립되고 말라 죽을 거라는, 완전히 몽상적인 계획이었어요.

이창우 지금 진보가 완전히 해체되고 있는 상황에서 되돌아보면 선도탈당파의 정치적 판단이 너무 성급했던 걸로 보이지만, 분당을 결행해서는 안 될 때였는지 판단하기가 쉽지 않아요. 당시

"지금은 때가 아니다"라고 했다면, 자주파가 각 지역 당원협의회를 뿌리부터 장악해서 밀어붙이면서 그들의 정치 목표인 반미자주대오로 당을 만들어 갈 것이 명백한데 그래도 전망 없는 동거를 계속해야 하는지, 그 물음에도 대답하기 어려워요. 저는 이 부분에 대해서 아직 명쾌한 답을 얻지 못했습니다.

그전에는 저도 당원이 10만 명을 넘어서는 대중정당이 되면 자주파가 패권을 유지하기 어려울 것이다, 정파가 당을 지배하기 어려울 것이다, 그러니까 대중적인 정당으로 나아가고 당내 민주주의를 확고하게 정착시키는 것이 유일한 해결책이라고 얘기했어요. 그런데 자주파는 거의 전 대중조직에 뿌리를 내리고 정치적 영향력을 확대하고 있었어요. 공공연히 알려진 사실이지만 민주노총까지 정파의 해독이 스며들지 않은 곳이 없었어요. 그런 상황에서 '일심회 사건' 같은 일이 터졌는데도 당이 공당으로서의 자정 능력을 보여 주지 못했죠.

어쨌든 그런 판단이 선도탈당파에 합류했던 당시 제 생각이었고, 저는 분당이 불가피하다고 봤습니다. 지금도 이 문제에 대해서는 다른 해법을 정리하지 못했고요. 오히려 분리 정립하고 경쟁하면 자주파 정당도 대중적인 공당으로서 책임정치를 제대로 할 수 있지 않을까, 그러면서 자주파 패권을 희석시킬 에너지를 충분히 모으면 오히려 함께할 수 있는 토대가 만들어질 거라고 판단할 수도 있었다는 겁니다. 다만 분당의 시점이 그때가 맞았는지는 잘 모르겠습니다. 이후 통합진보당 부정선거 사건이나 이석기 사건 같은 엄청난 일이 터지는 걸 보면 말이죠.

이광수 정치를 안 해 봐서 그래요.

선배들에게 이념과 운동은 배웠지만
정치가 무엇인지는 배운 적이 없어요.

남종석 맞는 말씀입니다.

이창우 민주노동당 일심회 사건보다 통합진보당 부정선거 사건
이 훨씬 큰 사건 아닙니까? 그때 좀 참았다가 더 큰 사건이 터
졌을 때 "더 이상 안 되겠다" 하면 그야말로 자주파는 소수화되
고, 남은 세력이 주류로서 혁신의 동력을 만들어 갈 수 있을 텐
데, 지금은 새로운 진보 재건의 동력조차 분산되고 소진된 상태
라 난감합니다. 역사를 긴 호흡으로 본다면 결단 낼 시점은 그
때가 아니라, 지금이 아니었을까…….

최희철 그것을 누가, 어떻게 압니까?

남종석 결과론적인 이야기죠.

이광수 그때는 '정치 안 해도 좋아' 그런 심정이었어요. 정말 못
참겠더라고요. 홍세화 선생이 말씀하시기를 지금 진보 진영에
속한 사람들은 대학 다니고 공장 다닐 때 선배 잘못 만나 이 길
로 들어서서 인생 망쳤다고 우스갯소리를 하셨는데, 그 말대로
선배들에게 이념과 운동은 배웠지만 정치가 무엇인지는 배운

적이 없어요. 그래서 조금 빈정 상하고 조금 틀어지고 이념이 다르면 "나, 안 해" 해 버리는 겁니다.

최희철 민주노동당 분당 과정에서 일어난 감정싸움을 보면, 양쪽 다 근본주의에 너무 집착했다는 생각이 들어요. 서로 누가 옳고 그른지만 따지는 일종의 이분법적 사고에 빠진 겁니다. 그런 싸움에 몰두하다 보니까 피해의식이 연쇄적으로 생기고, 냉정하게 정치 행위를 보는 눈이 약해졌던 것 같습니다. 이쪽도 저쪽도 아닌 입장에서 보면 분당하지 않고도 충분히 해결할 수 있을 것 같은데, 선과 악의 싸움이 되어 버리니까 상대편이 뭘 해도 나쁘게 보이는 거죠.

평등파는 민족좌파의 주장에 일단 거부감부터 느끼고, 민족좌파는 평등파의 사소한 문제를 침소봉대하고, 그런 원한이 뼛속 깊이 사무치고, 언젠가는 갚아 주겠다는 복수심이 쌓이면서 '증오의 정치'가 되고 말았어요. 이런 방식의 진보정치라면 미래가 우울할 뿐입니다.

남종석 가치 체계로 정치를 봤던 겁니다. 지금은 진보정치를 하겠다면 직업적 전망까지 고려해서 판단하는 이들이 많지만, 2008년 그때까지만 해도 많은 좌파들이 이상을 위해 싸우고 있었거든요. 보상이 없다 해도 옳다고 생각하는 일을 행하는 그런 활동 말입니다. 그런데 자주파에 의해 당이 타락한다고 생각하니까 도저히 용납할 수 없었던 거죠.

좌파들 중에 논쟁으로 정파 싸움하면서 허송세월하는 사람들 아직도 많아요. 조금 차이 나면 싸우고 논쟁하고 상대를 기회주의자라고 규정하고. 가치를 위한 운동을 하니까 그래요. 그러면서 민주노총도 갈라졌지요.

자민통 노선의
실패와 책임 회피

최희철 물어보고 싶은 게 있어요. 2007년 대선에서 권영길 후보가 3퍼센트 받으면서 심각한 패배의식을 갖게 되었잖아요. 그 이전 2004년 총선에서는 예상 외로 10명의 국회의원이 당선됐습니다. 사실 3퍼센트 지지든, 국회의원 10명 당선이든 모두 우리 힘으로 된 것은 아니었어요. 민족좌파나 평등파의 역량보다는 해당 시기 국민적 정서의 영향이 컸던 것 같습니다.

국회의원 10명이 당선될 때는 노무현 대통령 탄핵으로 야권 지지 정서가 강했고, 3퍼센트 받은 것도 노무현 대통령 말기 이명박의 지지율이 높아진 것과 관련이 있었습니다. 이것이 선거 결과의 원인을 외부로 돌리려는 것은 아니고요, 선거 성과에 너무 일희일비했다는 말을 하려는 겁니다. 승리와 패배의 원인을 찾아내고 오류를 수정해 가면서 계속 일관성 있는 대중정당의 모습을 보여 주었다면, 그 다음 선거에서는 더 선명하게 대중의 지지를 받을 수 있었을 텐데 말이죠.

남종석 그건 확실해요. 진보 진영의 표는 야권 표하고 같이 움직여요.

최희철 그래서 비록 3퍼센트밖에 지지를 못 받았지만, 내부에서 비판의 지점과 오류를 수정하면서 당을 끌어갔다면 그 다음 선거에서는 국회의원이 15명도 나올 수 있지 않았을까요? 이창우 씨는 대선에서 3퍼센트 받은 권영길 후보 전술은 물론이고 그 이전부터 민족좌파가 당을 말아 먹었다고 했는데 그게 과연 제대로 된 평가일까요? 그것은 어쩌면 결과론 아닐까요?

남종석 현재 주사파들의 모습과, 우리가 어떻게든 몸을 부대끼면서 함께 있을 때 그들의 모습은 다를 수 있고, 그렇다면 다른 결과를 가져올 수도 있었다는 것이죠.

이창우 결국은 정치 문제입니다. 민주노동당이 원내 10석을 이루었을 때는 아직 민주노동당의 정치를 보지 못한 국민들의 막연한 기대가 있었죠. 원내에 들어간 다음에는 국민들이 늘 지켜보고, 다음 선거 때 심판의 대상이 됩니다.
민주노동당은 이제 원내에 진입했으니까 앞으로 잘할 일만 남았다, 잘해서 계속 승승장구할 거라는 믿음이 있었어요. 그런데 어떻게 되었습니까? 오히려 정파 싸움만 불거졌고 의미 있는 정치적 성과나 의제 설정을 보여 주지 못했죠. 국민들의 신뢰를 못 받은 겁니다. 그러면 당을 운영했던, 당권을 가지고 있었던 세력이 책임을 져야죠. 책임도 무턱대고 지라는 게 아닙니다. 3퍼센트밖에 못 받은 것이 우리의 무능 때문인지, 아니면 우리도 어쩔 수 없었던 객관적인 환경 탓인지 따져 볼 수 있겠죠.
사실 민주노동당 지지율은 열린우리당 지지율이 오를 때 같이 오르고, 떨어질 때 같이 떨어졌습니다. 독립적 정체성을 가진

진보가 노무현과 유사한 정치 세력인데
약간 더 강경파 정도로 대중들에게 이해된 겁니다.

당이 아니라 노무현과 유사한 정치 세력인데 약간 더 강경파 정
도로 대중들에게 이해된 겁니다. 그래서 당시에는 '진보'와 '개
혁'을 섞어 쓰는 것을 싫어했어요. "진보는 진보고, 개혁은 개혁
이다", "우리는 명품 진보, 노무현은 짝퉁 진보"라고 하면서 민
주노동당이 열린우리당의 2중대가 되는 걸 계속 차단하려고 했
어요.

노무현 정권 집권 초기 '4대 개혁' 입법할 때 국보법 투쟁에 '올
인'하지 말고 우리가 애초에 내걸고 지지를 받았던 사민주의적
정책, 무상의료·무상교육·부유세 같은 복지 의제 등을 중심에
놓고 민생에 천착하자고 주장했죠. 그것을 통해 지지율을 끌어
올리면서 독립적 좌파로서 자기 영역을 구축해야 하는데 당권
파(자주파)는 그러지 않았어요.

좌파정당으로서 독자적인 진보의 목소리를 내야 하는 그때부터
'자주민주통일(자민통) 노선'으로 계속 갔기 때문에 독자 영역을
정립하지 못한 겁니다. 그런 노선적 실패가 민주노동당이 열린
우리당 2중대로 고착되고 독자적인 지지율을 얻지 못하게 된 원
인입니다. 당연히 노선적 실패에 대한 정치적 책임을 져야죠.

최희철 저는 권영길 후보가 10퍼센트는 받을 줄 알았어요. 그런

데 출구조사에서 6퍼센트 나오고, 실제로는 3퍼센트 나와서 충격을 많이 받았어요. 우리나라에서 진보정치를 지지하는 세력이 10퍼센트는 될 것이다, 어느 판에서나 진보 세력이 그 정도는 될 거라고 봤거든요. 저도 순진했지요. 만약 권영길 후보가 10퍼센트 받았으면 분당은 안 되었겠지, 생각해 보기도 했습니다. 분당하는 과정, 특히 평등파들이 탈당하는 과정에서 '감정'을 앞세우고 또 서로 인간적 자존심을 상하게 하는 방법을 택하면서 상처의 골이 더 깊어졌죠. 해운대 소속이었던 저는 당대회 이후 평등파들이 다 탈당해 버려서 해운대 지역위원회가 깨질 줄 알았어요. 그때만 해도 정당 경험도 부족하고 운동권에 대해서도 거의 아는 게 없었습니다. 제가 그때 해운대 지역위원회 사무국장을 하면서 운영위원회와 당원회의를 몇 번 소집했는데, 민족좌파 사람들이 하나둘 모이기 시작하더니 이내 지역위원회가 복구되었습니다. 해운대의 경우 평등파가 주류였는데 그 자리를 모두 민족좌파가 메운 겁니다.

평등파들은 '우리가 다 나가 버리면 당을 어떻게 운영하겠어?' 생각했을지 모르지만, 민족좌파는 더 단단하게 뭉쳐서 헤쳐 나갔어요. 그리고 얼마 후 총선이 있었는데 민족좌파 사람들이 저보고 후보로 나가라고 권했습니다. 그들은 분당된 뒤 오히려 단단한 모습을 보여 주기 위해 가능한 한 국회의원 선거에 나가야 한다고 생각했던 것 같아요. 물론 여러 가지 사정으로 여성 후보가 나갔습니다만, 그들은 지금도 여전히 그런 정신을 갖고 있는 것 같습니다.

남종석 자주파의 활동 능력이나 조직적 힘은 대단하죠. 지역사회에 뿌리내린 곳도 많고요. 지금도 조직은 그대로 살아 있는 것 같습니다만, 대중조직에서 설득력은 좀 약화된 듯합니다.

최희철 지금의 통합진보당은 이전과 다른 근본적인 타격을 받았다고 보여집니다. 쉽게 회복하기 어려운 이미지를 자신의 의사와는 별개로 갖게 되었습니다. 극우 보수정권이 바로 그걸 노렸겠죠. 어쨌든 대중들에게 통합진보당은 '과격하고 낡은' 이미지로 새겨져 버린 것 같습니다.

이창우 한 가지 짚고 넘어갈 것은, 당시 울산시당의 김창현이 내놓았던 정치적 타협안이에요. 타협안의 핵심은 당권 배분과 공직 배분의 변화였습니다. 첫 번째, 당의 권력기관인 최고위원회 선출을 '1인 7표'제에서 '1인 1표'제로 바꾸자, 곧 자주파가 다 먹어 버리는 정파 독식 구조를 당권을 균점하는 시스템으로 바꾸자는 것. 두 번째, 울산연합의 리더인 김창현 스스로 총선 비례대표 상위 순번에 출마하지 않겠다는 것이었어요. 당선이 확실한 상위 순번으로 올라갈 수 있는데 뒤로 빠지겠다고 함으로써 타협의 메시지를 던진 겁니다.
앞에서 좌파는 가치나 이념 체계가 지나치게 경직됐고 '정치'를 잘 몰랐다고 이야기하지 않았습니까? 그렇게 본다면 김창현 쪽에서 제대로 정치를 하고 있었던 겁니다. 권력 배분 문제 등을 논의하면서 합리적인 타협안을 마련할 수도 있었던 것이죠. 이런 점에서 좌파가 성찰할 부분이 분명 있어요.

최희철 저는 생각은 평등파에 가까웠지만 민족좌파들과도 별 무리 없이 잘 지냈어요. 정치나 조직 심리는 잘 몰랐지만, 제가 보기에 당시 탈당파들은 정치적 이유 때문이라기보다는 감정적으로 격앙되었던 것 같아요. 평소에는 별 말 없다가 어떤 사건에 휘말리면서 생각이 한쪽으로 치우치는, 격투기에서 정신없이 몰아치는 미친 '파운딩' 같다고나 할까요?

이광수 어떤 감정일까요?

최희철 예를 들어, 어떤 집회에서 그 집회 성격과 좀 거리가 먼 '반미' 성향의 공연을 할 때가 있어요. 당연히 이런저런 평가가 나오겠죠. 그런 평가는 운영위원회 같은 공식적인 자리에서는 다루어지지 않고 뒤에서 비난하는 형태로 이루어집니다. 또, 평등파가 주요 간부를 차지한 해운대 지역위원회에서는 통일 관련 논의는 주요 안건이 되지 못하고, 통일 관련 행사도 당원들이 개인적으로 참여하는 식이었어요. 그런데 민족좌파들은 일단 겉으론 유연성을 보여 주는 것 같았습니다. 하지만 그들도 자신이 처한 형편에 따라 약간 포기할 뿐이지 가장 핵심적인 것은 훼손하려 하지 않아요. 평등파든 민족좌파든 서로에 대한 비

▌김창현의 정치적 타협안은 사실 당시 상황에서는 크게 의미가 없었다. 분당파들의 핵심 관심이 최기영 처리 문제에 꽂혀 있었기 때문이다. 그런 면에서 김창현이 당대회 이전 최기영을 만나 탈당을 권유했던 것을 눈여겨 볼 만하다. 최기영이 탈당하면 최기영 의제 자체가 의미가 없어지기 때문에 나름의 노력을 기울인 것이다. 하지만 김창현이 최기영을 면회하고 탈당을 설득했다는 소식을 들은 경기동부가 다시 최기영을 만나 탈당해서는 안 된다고 재설득하여, 김창현의 노력은 헛수고가 되어 버렸다.

판은 늘 비공개로 하는 게 문제였던 것 같습니다.

패권주의,
당내 정치의 실종

이광수 속 좁은 자의 고백인데, 저는 통일 이야기가 나오면 너무 짜증나요. 신경질이 납니다. 통일 의제를 자주파 사람들이 독점 하다시피 하니까, 그 사람들이 보기 싫으니까 그 사람들이 하는 말조차 싫어졌어요. 아주 최근, 한 1년 전쯤부터 그래요. 진보 신당에 있을 때만 해도 이렇지 않았어요.

제가 민주노동당에 들어간 게 2006년입니다. 저는 1983년부터 1989년까지 인도에서 유학을 하고 있어서 부산에서 누가 NL이 고 누가 PD인지 전혀 몰랐습니다. 그 와중에 국보법 폐지 문제 가 불거졌어요. 저는 무조건, 100퍼센트, 국보법 폐지에 총력을 기울일 줄 알았거든요. 그런데 아니더라고요. 그때는 전혀 몰랐 고, 지금은 다 알죠. 제가 속한 지역위원회 사람들은 대부분 자 주파였으니까 국보법 폐지에 집중하자고 하는데, 그걸 발목 잡 는 사람들이 있었어요. 그래서 처음 알게 되었습니다. '아, 이게 정파 **싸움**이구나' 하고 말입니다.

다들 아시다시피, 자주파 사람들 참 따뜻해요. 지금도 얼굴을 보면 너무 순합니다. 어떻게 저런 사람들이 있을 수 있을까 싶 을 정도로 따뜻하고 다 괜찮은 사람들인데……

남종석 따뜻할 때는 엄청 따뜻하죠.

이광수 어쨌든 그때는 자주파의 논리가 맞았기 때문에 그들 주장에 수긍이 갔고, 국보법 폐지를 먼저 해야 할 텐데 반대하는 사람들이 이상했어요. 저는 심정적으로는 PD 사람인데, PD 사람들이 국보법 폐지 투쟁을 꺼려 하는 걸 보고 '뭐 저런 사람들이 다 있나' 의아했죠.

돌이켜 보면, 제가 지금 통일의 '통' 자만 나와도 소스라치게 싫고 지네 보듯이 징글징글한 것처럼, 그때 PD 사람들이 자주파에 너무 데이고 물려서 그랬던 겁니다. 저도 이제는 자주파 사람들이 하는 것은 다 싫어요. 감정이지요.

남종석 감정 문제만은 아니었어요.

이광수 감정이 아니었다고요? 제가 보기에는 감정입니다. 그 감정의 핵심이 무엇이냐면, '내가 패권 좀 잡아 보고 싶은데, 왜 우리는 안 되냐'는 겁니다. 그러면 자주파 사람들은 '너희들도 뛰어라 입만 떠들지 말고. 너희가 당원협의회에 나오기를 하냐? 나와도 맨날 입으로만 떠들고. 선전전도 안 나오고 사람도 못 모으고, 도대체 하는 게 뭐냐?'라고 합니다.

그러니까 제 말은, PD 사람들이 진보운동을 하려고 했는데 자주파 때문에 못한 게 아니라는 겁니다. 중요한 지점이 무엇이냐면, '원래 우리가 만들었는데 주도권을 빼앗겼다', '처음 당 만들 때 안 한다고 했던 사람들이 조직이 결정하니까 느닷없이 당에 들어와서, 김대중 비판적 지지하다가 민주노동당이 잘될 것 같으니까 들어와서 다 먹어 버렸다.' 이것이 혐오감의 원천입니다. 하지만 대놓고 말은 못하죠. 쪽팔리니까. 그래서 그냥 싫은 겁니다.

그리고 자주파들은 하여간 집요하게 조직해서 밀어붙입니다. 적당하게 하는 게 없습니다. 오로지 '몰빵'입니다. PD들도 그렇게 하고 싶은 거예요. 그런데 못한 겁니다.

남종석 아니 그 점은 변명을 해야겠어요. 일단 자주파가 당에 들어오는 것은 대중정당이니까 어쩔 수 없는 일이었고, 그들이 당에 들어와서 조직을 장악하는데 6대 4 정도로 적당히 나누어 갖는 식이 아니었단 말입니다. 선거제도 자체가 자주파가 독점할 수 있는 구조였고, 그들은 그 제도를 악의적으로 활용했어요. 중앙위원 선출부터 비례대표 선출 방식까지 완전히 승자독식 구조로 만들어 버렸습니다. 물론 제도를 그렇게 만드는 데 평등파도 얼마간 기여했죠. 하지만 평등파는 아무리 그래도 그렇게 독점하는 따위의 짓거리는 안 하거든요.

2007년도 이전까지는 타협선 자체가 없었어요. 어차피 힘에서 평등파가 밀리는 것은 확실하고, 자주파는 제도적으로 다수파 독점 구조에 집착하면서 자기들 이해관계에 따라 당대표 만들고 그랬습니다. 자주파가 '다수결'이라는 제도, 민주주의라는 명분 아래 다수파 독점 구조를 만들어 놓은 것에 대한 불만이 엄청나게 컸죠. 게다가 자주파는 그런 형식적인 제도와 절차조차 많이 어겼어요. '용산지구당 사태'▪가 대표적이고, 부산시당에서도 그런 일이 음성적으로 벌어졌습니다. 자기들 목적을 위해서라면 언제든 절차를 파괴할 수 있고 패권을 부릴 수 있다는 것이 그들의 본질입니다. 최근 통합진보당 사태에서도 반복되었고요.

이창우 일종의 '선민의식'이죠.

남종석 자기들은 옳고, 옳은 일을 하려고 하는데 뭐가 문제냐는 식입니다. 적어도 그때는 자주파와 타협할 여지가 없었어요. 앞에서 말했듯이 마지막에 당이 깨질 지경에 다다르니까 김창현이 조정하자는 태도를 보이긴 했지만, 그 입장도 자주파에서 많지 않았고 진지하게 받아들이지도 않았던 것 같아요. 선도탈당파들은 민주노동당 활동하면서 이런 일을 너무 많이 겪었기 때문에 '주사'를 진보로 보지 않는 입장이 매우 강력했고, 지금도 마찬가지입니다. 자주파와 함께하면 과거의 문제에 다시 봉착하게 된다는 거예요. 2010년도 '통합진보당 부정선거 사건'과

▪ 2001~2002년 자주파 계열의 인천연합에서 대대적인 당적 이동, 당비 대납 등으로 용산지구당을 힘으로 장악한 사건. 용산지구당 창당 세력을 제거하고 위원장, 부위원장, 사무국장, 중앙위원, 당대의원, 시도당대의원 등 11명 모두를 자파로 내세워 독식했다.

'이석기 사건'이 이를 증명하고 있으니 선도탈당파가 오류라고 말하기도 어렵죠.

이광수 저도 엄밀하게는 '주사파'를 진보라고 보지 않습니다.

이창우 지금 굉장히 중요한 이야기들이 나오고 있네요. 민주노동당 분당 과정을 보면 몇 가지 계기점이 있어요. 그런 계기들이 꾸준히 축적되었는데, 그 과정에서 좌파는 절차적 문제나 권력 배분 문제를 별로 고민하지 않았습니다. 주사파도 이후에 학습했고요. 위기가 오니까 하나씩 풀려 나오기 시작했어요. 일종의 학습 과정이죠.

김창현이 타협안을 내놓은 것도 나름의 학습 과정을 거친 결과입니다. 2000년 총선 때 울산 북구에서 현대자동차 노조위원장 출신인 이상범 씨가 출마하려 했는데, 자주파 울산연합에서 최용규 씨를 밀어서 국회위원 후보로 만들었습니다. 울산 북구 주민도 아닌 당원들이 북구 후보를 선출하는 당내 경선에서 당선이 유력한 이상범을 떨어뜨린 거예요. 그때 처음 이재영 정책국장이 당 내부 민주주의 문제를 제기했습니다. '민주주의 문제를 당에 어떻게 적용할 것인가?' '당 내부 문제를 어떻게 풀 것인가?' 의문을 던진 거죠. 이것은 세력 대 세력이 부딪히는 상황에서 합리적 경쟁의 규칙을 만드는 문제였고, 나아가 선당후사先黨後私, 곧 당의 성장을 위해 정파적 이해를 뒤로 미뤄 놓는 문화를 만들고 정치적 합의 과정을 조직하는 문제이기도 했습니다.

민주노동당이 '정당명부식 비례대표제'를 주장하면서, 당내 당권 경쟁은 패권적으로 정파의 이념을 관철시키는 '단순 다수대표제'를 유지하고 있었거든요.

이광수 자주파도 독일식 '정당명부식 비례대표제'를 주장합니까?

이창우 주장하죠.

이광수 그럼 앞뒤가 안 맞는 건데.

이창우 이미 2000년부터 당내 민주주의 문제, 민주적 운영 문제가 제기되었지만 주사파 쪽에서 받아들이지 못했어요. 자주파 내부에도 경기동부연합, 인천연합, 울산연합 등 여러 분파가 있지 않습니까? 경기동부연합은 패권적 방식으로 강한 선민적 에너지를 뿜어내는 사람들이었고, 그에 비해 정의당에 들어가 있는 인천연합은 상대적으로 민주적인 권력균점의 문제를 이해하고 있습니다. 울산연합의 김창현도 나름의 정치력을 보여 주었고요. 자주파 내부에도 여러 결이 있다는 것을 주목하지 못하고 한 덩어리로 보는 경향이 있어요.

이광수 그때 이미 결이 달랐나요? 아니면 민주노동당이 분당된 뒤 갈라졌나요?

남종석 그건 알 수 없어요. 그때는 경기동부가 부각되지 않은 상황이어서.▌

이창우 당에 먼저 발을 들인 것은 경기동부예요. 그리고 인천연합, 울산연합순으로 들어왔습니다. 어쨌든 자주파 안에 이처럼 결이 다른 여러 세력이 있다는 사실을 고려하지 않았다는 것을 되짚어 볼 필요가 있습니다.

자주파가 전술적 판단을 하는 데 있어서 반미자주화 투쟁이라는 기본 노선이 있으니까 하나의 대오를 형성하고 있지만, 그럼에도 불구하고 합법 대중정당 속에서 국민의 요구와 시선을 의식하면서 유연하게 전술적 판단을 해야 한다는 목소리도 분명 있다는 것입니다. 국민들의 눈높이에서 합리적으로 가려는 힘이 내부에 있어요. 예를 들어, 진보신당이 분당되고 난 뒤 민주노동당이 위기에 처하니까 민생 제일 노선을 내세웠습니다. 자주파 내부의 주류파도 동의를 한 것이죠. 또 통합진보당 분당 이후에는 인천연합이 결국 따로 떨어져 나왔잖아요.

이른바 PD들이 이들과 어떻게 제휴할지, 이들을 어떻게 분리 견인할지 고민하면서 장기적으로 정치를 구성했다면 어땠을까? 앞서 분당 과정에서 평등파도 성찰할 부분이 있다고 했는데, 특히 당의 내부 정치 측면에서 장기적이고 섬세한 사고가 부족했어요. 한쪽으로 쏠려서 NL 전부를 이상한 사람으로 몰아붙이면서 정치를 실종시킨 것이죠.

이광수 밟아 버렸으니까?

▌ 2008년 이전까지는 NL 전체적으로 입장 차이가 있더라도 '자주민주통일 전국회의' 등의 협의구조를 통해 의견을 조정하였다. 하지만 2008년 이후로 '자주민주통일 전국회의' 구조가 깨지면서 전체를 조율하는 노력이 사라져 버렸다.

이창우 당에서 막아 버린 거죠. 당직과 공직을 겸하지 못하게 하면서. 그것이 평등파들의 중대한 정치적 오류였습니다. 이른바 평등파들도 당에 도움이 안 되었어요. NL의 편향성을 견제할 수 있는 대중적 리더십, 권영길·노회찬·심상정·단병호·조승수 같은 사람들을 당에서 축출하고 원내로만 한정시킴으로써, NL들이 몰려들어와 당권을 장악하는 상황을 자초한 거죠.

당직 겸임 금지가 가져온
정치적 역효과

남종석 원내 의원단의 당직을 제한한 것은, 유럽 사민주의정당에서 나타나는 문제들을 '제어'하려는 취지에서 제기된 나름 타당성 있는 문제의식이에요. 예컨대 영국 노동당을 보세요. 원래 영국 노동당은 당대회에서 당권을 지닌 당원들의 투표로 당의 주요 의사결정이 이루어졌습니다. 1년 혹은 2년마다 열리는 당대회가 당의 최고의결기관이었던 것이죠. 비록 의회 노동당이라고 불리는 원내 의원단이 당대표를 맡고 주요 당직은 내각이나 섀도 캐비닛Shadow Cabinet(그림자 내각)에서 맡았지만, 당대회도 큰 역할을 했고 당대회를 통해 노조와 지역 노동당 지부들이 영향력을 행사했습니다. 비록 대의제이긴 하지만 직접민주주의 요소가 작동하는 당대회가 의회 노동당을 통제하는 역할을 한 것이죠.

그러다 1950년대 게이츠컬Hugh Gaitskell 집권부터 시작해서 토니 블레어가 당권을 장악하기까지 오랜 시간 동안 의회 노동당이 점차 노동당의 당권을 독점하고 당대회는 형식적인 절차로 전락해 버렸어요. 간단히 말해, 노동당 의원단이 노동당이고 당원은 아무것도 아니게 됩니다. 원내 정당 중심으로 정당이 움직이는 것이죠.

한국에서 노무현 정부 당시 지구당이 사라진 것도 이런 원내 정당 중심주의를 반영하는 것입니다. 당원들의 참여와 통제라는 민주주의의 토대가 대표를 중심으로 하는 당 체제로 전환된 것이죠. 이런 당내 민주주의의 변질을 막기 위한 조처로 당직·공직 겸직을 제한하려 한 것이니, 나름 의미가 있는 문제의식이었어요.

최희철 국회의원이 당직을 겸하지 못하게 하는 '당직 공직 겸임 금지'는 당시 노회찬 사무총장이 제안한 것 아닙니까?

이창우 노회찬 씨가 제안한 건 아니고, 정책 실무자들이 만든 안이죠.

이광수 NL이나 PD, 어떤 정파에서 만든 제도가 아닙니까?

남종석 아니요. 그때는 정파가 분화되지 않았고, NL이 당에 들어오면서 그에 대응하려고 만들어진 '전진'이라는 그룹이 있었어요. 겉으로 드러나지는 않았지만, 그 그룹에서 이 안을 만든 거죠.

이창우 당시 전진은 김종철, 구형구뿐만 아니라 다수의 중앙파 노동운동 활동가들도 포함된 당내 정파였지요?

이광수 미성숙한 사람들이 쓸데없는 일을 했네요.

이창우 '겸직 금지'는 어떤 계파가 누구를 견제하려고 내놓은 안은 아니었습니다.▌이상적 형태의 당 운영 방안으로서 독일 녹색당 등에서 차용한 제도죠. 예컨대 민주노동당 국회의원은 세비를 노동자 최저임금 180만 원만 받고 나머지를 당에 귀속시킨다고 하지 않았습니까? 그런 정책 중 하나였어요.
당직과 공직을 겸직하지 못하게 한 취지는 말씀하신 대로 당의 '원내정당'화를 막겠다는 것이었죠. 스타 정치인들이 좌지우지하는 당이 아니라 대중과 현장에 기반을 둔 정당을 만들겠다는 것이었고, 그런 점에서 이상적이긴 하지만 리더십 문제를 고려하지 못했어요. 대중적인 리더십이 당을 대표하고 더불어 국가의 대표가 될 수도 있는데, 대중정치인과 당을 분리시키면서 오히려 당의 구조를 정파 '소두령'들이 놀기 좋게 만들어 버린 것입니다.

▌당직·공직 겸직 금지는 '전진'의 다수가 찬성했고, 당시 NL 그룹의 다수도 찬성하였다. 물론 그 동의의 배경은 서로 달랐다. 처음부터 겸직 금지에 반대한 이들은 권영길·노회찬 등의 의회정치인 그룹과 NL 내에서도 강한 실용주의적 입장을 가진 사람이었다. 하지만 당시 원칙적이고 진보정당의 이상을 앞세우는 흐름이 다수여서 채택되었다.

이상적이긴 하지만 리더십 문제를 고려하지 못했어요.
오히려 당의 구조를 정파 '소두령'들이 놀기 좋게
만들어 버린 것입니다.

남종석 실제로 유럽의 경우를 보면 의회 노동당이나 의회 잔당들이 사민당 전국회의나 노동당 전국총회보다 더 큰 힘을 가지고 있거든요.

이광수 그것은 유럽 상황이죠.

남종석 민주노동당이 출발하는 시점이었으니까, 유럽 상황을 참고해서 당이 운동성을 잃지 않도록 해야 한다는 문제의식에서 나온 안이었습니다. 그것이 리더십 문제를 간과했던 면은 있지만, 운동을 성장시켜야 한다는 문제의식은 여전히 유효하다고 봅니다.
운동, 진보정당, 정치가 함께 커 나가면서 의회 진출파를 견인할 수 있는 제도가 만들어졌다면 좋았겠죠. 그러나 안타깝게도 정치적으로나 운동적으로 성장하지 못하게 되었고, 리더십도 제대로 형성하지 못했어요.

이광수 바로 이런 게 문제에요. 저는 학자이다 보니 자꾸 꼬장꼬장하게 따지게 되는데요. 비NL들은 자기들 잘못은 경험이 없어서 그런 거고, 자기들이 추구하는 것은 이상적인데 하다 보니 잘 안 됐다, 그래서 안타깝다는 식입니다. 반면 자주파가 하는 일은 다 일부러 한다고 봅니다. 그것 자체가 문제에요. 자기반성이 없습니다. 통렬하게 자기비판을 해야죠.

민주노동당 분당의 결정적인 이유 중 하나가 바로 당직과 공직을 분리시킨 것입니다. 그 논의가 나왔을 때 당원이었던 저는 너무 의아했어요. '어떻게 정치를 할 것인지 이야기해야 할 때 왜 저런 쓸데없는 논의를 할까?' 그래서 자세히 보니까 남종석 씨 말대로 소두령들끼리 작당을 해서 위에서, 조직에서 하라는 대로 하는 겁니다.

조금 다른 이야깁니다만, 노회찬 씨는 비교적 홀로 큰 대중정치인 아닙니까? 저도 노회찬 씨를 지지했어요. 그때 자주파 사람들이 마타도어(흑색선전) 뿌리면서 별짓 다해서 결국 노회찬을 떨어뜨렸잖아요. 그리고 그 잘난 권영길 대표가 그자들과 협잡해서 완전히 말아먹었어요. 권영길 씨는 최근에 눈물로 참회했으니까 지금 뭐라 말은 못하지만, 옛날 기분 같았으면 총살감입니다. 스스로 커 가는 노회찬의 대중 리더십을 꺾어 버렸어요. 자기가 이용당하는지도 모르고 노욕을 앞세워서요. 이용당하는 양반이나, 당직·공직 분리시켜서 당을 소두령들 놀이터로 만들어 버린 쪽이나, 지금 돌이켜 보면 죽으려고 환장을 한 거지요.

남종석 저는 조금 다르게 봅니다. 오해가 있는 것 같아요. 제 생각은 이렇습니다. 당에는 당원들이 자주적으로 참여하는 전국위원회나 대의원대회가 있지 않습니까? 그런 총회기구가 기본적으로 의회단보다는 힘이 더 커야 해요. 더불어 정당과 결합되어 있지만 독립적 영역인 민주노총과 사회운동 세력이 독자적으로 성장해서 당을 견제하는 방식이 옳습니다.

그런데 우리는 진보정당의 사회적 토대인 사회운동을 상대화시킨 반면 정당운동의 발전을 진보와 동일시해 왔어요. 저는 당의 일반 대의원이 중심이 된 당대회나 사회운동의 중요성은 여전히 강조되어야 한다고 봅니다. 다만, 우리가 이 문제를 일반 당원·활동가 당원과 의회 대표의 관계로 협소하게 사고했던 것은 반성합니다. 대외적 리더십의 중요성을 간과했다는 것은 두말할 나위가 없고요.

좌파가 정치 과정에는 관심이 없고, 힘으로 밀어붙이거나 아니면 말거나 식으로 정치·조정·합의를 등한시했다는 것은 과도한 일반화입니다. 정치적으로 미숙했던 것은 인정하지만 좌파는 현실을 고려하지 않았던 것이고, 우파는 힘으로만 모든 것을 해결하려고 했던 것이죠. 민주노동당 초기에 서로 갈등하고 시행착오를 겪으면서 조정하는 법을 학습했어야 하는데, 좌파는 좌파 나름의 이념을 강조하고 헤게모니를 유지해야 하니까 조정의 태도를 보이지 못했어요. 그러다 보니 평등파는 분리를 정당화하려 했고, 자주파는 '당신들 나가도 우리는 충분히 할 수 있다' 식의 패권적 사고방식을 갖게 되었죠. 이것이 분당에도 영향을 미쳤다고 생각합니다.

국보법 투쟁 '올인'에
반대한 이유

이창우 저도 그때는 당직과 공직을 분리하는 것을 선한 의도로만 봤어요. 우리는 원내 당이 아니라 원외의 대중과 현장에 뿌리를 내린 당으로서 잘될 거라는 장밋빛 전망만 믿고 리더십 문제는 진지하게 생각하지 못했습니다. 그래서 그런 우려가 제기됐을 때 적극적으로 부정하지 못했어요. 저 역시 정치에서 리더십 문제를 깊이 인식하지 못한 거죠.

겸직 금지의 부정적 측면이나 이후 드러난 당내 정치적 효과까지 감안하더라도 당직과 공직을 분리하는 게 더 낫다고 생각한 사람이 있었을지 모르겠습니다만, 저는 그렇지 못했고 나중에야 문제를 알게 되었습니다. 당의 리더들이 다 원내로 가고 당의 의사결정은 원외가 하게 되었는데, 그때 NL이 왕창 들어왔죠. 김창현이 사무총장 하고 최고위원도 NL 계열에서 다 차지해 버리고, 그렇게 당에 들어와서 그들이 결정한 첫 투쟁이 국보법 철폐 투쟁입니다.

저도 국보법 투쟁에 '올인'하는 것에 반대했는데, 정파적 이유 때문이 아니었어요. 민주노동당이 무상교육·무상의료 내걸면서 증세와 복지정책으로 지지를 얻었단 말이에요. 당시 열린우리당이 원내 과반이고 노무현이 대통령이었습니다. 4대 개혁 입법은 원내에서 통과시킬 수 있었단 말입니다. 그런데 민주노동당이 국보법 폐지에 총력을 기울여서 300명 삭발하고, 단식하면서 투쟁을 책임지다시피 했어요.

물론 좌파정당이 민주주의 투쟁의 전위가 되어야 하는 건 맞습니다. 하지만 노무현 정권이 4대 개혁 입법을 전면에 내세웠을 때 민주노동당은 그들이 열심히 하도록 촉구하면 됐습니다. 열린우리당이 원내 과반인데 왜 민주노동당이 그들과 경쟁하듯 대신 나서서 싸워 주냐는 말입니다. 열린우리당이 기회주의적으로 흔들리는 걸 막으려고 앞장섰다고 할 수도 있겠습니다만, 저는 오히려 민주노동당이 민생 의제를 갖고 기반을 확대해 나가는 정치를 했다면 열린우리당이 자신의 선명성을 보여 주기 위해서라도 더욱 단호해질 수 있었다고 봅니다.

이광수 그래도 그때가 최고로 좋은 기회 아니었습니까? 국보법 없앨 수 있는?

이창우 국가보안법 관련해서는 몇 가지 쟁점이 있습니다. 예컨대 국보법 위반 혐의에 걸리는 사람의 80~90퍼센트가 7조 '찬양고무'에 해당되니까 이 조항만 삭제해도 국보법이 사실상 사문화되거든요. 이 정도 선에서 타협할 수도 있다는 것이죠. 어쨌든 당시 국보법 투쟁에 '올인'하는 것은 국민들이 짜증내는 일이었어요.

이광수 이창우 씨가 생각하는 '국민'은 뭔가요? '국민'은 너무 애매한 개념이에요.

이창우 맞아요. 그렇습니다. 문제는, 말씀드렸다시피 민주노동당이 열린우리당의 2중대가 되어서 국보법 철폐 투쟁에 모든 당력을 다 쏟았다는 겁니다. 민주노동당이 지지를 받았던 민생·복지 등에 집중하면서 자기 정체성을 분명히 하고, 그 과정에서 국민들과 호흡하면서 설득하는 과정을 밟았어야죠. 이제 갓 원내에 입성한 민주노동당 노선이 자민통인지 사민주의인지 왔다 갔다 헷갈렸어요. 원외에 있을 때는 사민주의 정당처럼 '상가임대차보호법' 만들고 부유세·무상의료·무상교육 외치다가, 원내에 입성하자마자 자민통 노선으로 나간 것은 문제죠.

이광수 지금도 저와 생각의 차이가 좀 있네요.

이창우 국보법 폐지 투쟁에 나섰던 상황을 되짚어 보면, 분명 잘못된 전술적 판단이었어요. 저 사람들이 자주파라서 덮어 놓고 반대한 게 아닙니다. 정치라는 것, 정당이라는 것은 국민들의 눈높이에서 지지를 얻으면서 성장해야 합니다. 민주노동당은 원내 입성한 뒤 아무것도 안 하고도 기대치만 가지고 지지율이 20퍼센트 이상 급상승했어요. 그 기대가 뭐였을까요? 북유럽식 복지 비전 등을 내놓고 계속 문제 제기하면서 뭔가 해 보라는 요구였어요. 국보법 폐지 투쟁하라는 게 아니었단 말입니다.

이광수 이 대목에서 한 가지 묻고 싶네요. 사민주의적 민생 복지를 추진하라는 요구였다는 것도 이른바 PD들의 일방적 해석 아닌가요? 우리에게는 북한이라는 존재가 있고, 국보법이 있습니다. 언제든, 반드시 국보법이 튀어나올 수 있다는 것은 누구나 아는 사실 아닌가요? 그래서 노무현 대통령이 국보법을 칼집 속에 집어넣자고 나섰을 때 같이 힘을 모아서 마무리했어야 합니다.

**이제 갓 원내에 입성한 민주노동당 노선이
자민통인지 사민주의인지 왔다 갔다 헷갈렸어요.**

제 눈에는 정파 간 감정싸움으로 트집 잡는 것으로 보였습니다. 좌파들의 속 좁은 처사죠. 이상적 좌파 이념에 함몰된 것 같았어요. 노무현 정권이 끝나면 국보법은 언제든 다시 살아날 수 있으니까 빨리 합의해서 집어넣고, 민생 복지는 시간이 걸리는 문제니까 조금씩 해 나가면 되지 않습니까? 민생·복지는 손에 잡히지 않는 경제이고, 국보법은 눈에 보이고 손에 잡히는 것이기 때문에, 저는 오히려 국보법 폐지를 훨씬 많은 사람들이 지지했을 거라고 봅니다.

남종석 저도 국보법 투쟁에 '올인'하는 것에 반대하는 입장이었습니다. 그때는 민생이 주요 쟁점이었다고 봤거든요.

이광수 말도 안 됩니다. 국보법 폐지 투쟁한다고 민생을 신경 안 씁니까?

남종석 국보법 폐지에 '올인'할 정국은 아니라는 거죠. 이것은 쟁점을 어디에 붙일 것인가의 문제인데요.

이광수 그건 아니죠.

남종석 저는 그렇게 생각하지 않아요. 지금 당시 정세를 복원하는 논의를 하는 것은 무의미한 일이지만, 국보법 투쟁이 굉장히 돌출적인 투쟁이었던 것은 분명합니다. 자주파에게 그것은 일종의 '선도적' 투쟁이었어요. 자신들이 주체적으로 국보법 문제를 제기하고, 이를 정치 쟁점으로 만들어 해결해 버리는 방식 말입니다. 자주파에게는 국보법 폐지가 사활이 걸린 문제거든요. 그들은 언제든 국보법의 희생양이 될 수 있으니까요.

그러나 당시 정치 정세도 그렇고, 시민들의 정서를 봐도 국보법이 중요한 쟁점은 아니었습니다. 냉정하게 표를 받는 측면에서 아무런 매력이 없는 전술이었어요. 더군다나 자주파는 국보법 폐기를 위해 열린우리당의 2중대 역할을 할 수밖에 없었습니다. 좌파들은 열린우리당과 차별화를 통해 열린우리당을 타격해야 한다고 생각했거든요. 당시 열린우리당은 신자유주의 개혁을 급진화하고, 노동자들에게 파업에 따른 손해배상을 청구하고, 노동자들을 자살로 이끌고 있었습니다. 그런 상황이다 보니 불만이 쌓였죠. 자주파가 열린우리당과 함께 국보법을 없애려는 것이 좌파들에게는 열린우리당 2중대처럼 보였던 것이죠.

이광수 좌파들 생각이 너무 조야해요. 정략적이지도 못하고. 노무현 자유주의 세력과 같은 방향의 정치를 하는 것은 2중대고, 사회경제적인 부분에서 그들과 차별화하는 것이 좌파라는 자기 잘난 체에 빠져 있어요. 그런 논리로 따지면, 국보법 폐지를 주장하는 진보 진영도 결국 보수야당의 2중대네요.

남종석 당장의 지지를 까먹더라도, 현실적으로 우리에게 중요한 과제를 해결하자는 측면이라면…….

이광수 기가 막히게 좋은 기회 아니었습니까? 그때 처리했으면 통합진보당 부정선거, 이석기 사건, 공무원 간첩조작 사건 등은 일어나지 않을 수도 있잖아요.

최희철 민주노동당 다수파들은 노무현 정권에서 국가보안법을 반드시 폐지하고 가야 한다고 봤던 것 같아요. 지금 생각하면 당에서 국보법 폐지 투쟁하면서 민생 문제도 같이 할 수 있지 않았을까 싶어요.

이광수 그러니까 PD 사람들이 자주파가 싫어서 반대했던 거예요.

남종석 아니요. 그건 아닙니다. 저는 평등파의 정세 인식이 맞았다고 봅니다. NL 쪽에서 돌출적으로 문제를 제기한 게 사실이에요. 평등파의 잘못을 꼽는다면, 소수파로서 다수파의 활동이 좀 못마땅하더라도 같이 힘을 모아 싸워야 했는데 그걸 못했다는 것이죠. 당 활동 하면서 내 마음에 드는 것만 하고 아니면 안 하고, 그런 식으로 하면 안 된다는 것이 역사의 교훈입니다. 자주파의 관행을 문제 삼아 너무 쉽게 '분리'를 꺼내든 것 말입니다.

도대체 어디까지가 진보인가?

'반미'와 '민생'의
좌충우돌

이광수 좋아요. 그렇다면 민주노동당 시절 '국보법 폐지' 같은 문제 말고 다른 정치 의제나 정책 면에서 자주파와 같은 당에 몸담을 수 없다고 할 만큼 맞지 않는 지점이 또 있었는지 궁금합니다. 지금까지는 주로 양자 간의 감정과 민주노동당 시절의 패권 문제를 다루었는데, 이제부터 민주노동당의 지향점이나 정책을 둘러싼 갈등에 대해 이야기해 봤으면 합니다.

남종석 그런 갈등은 없었습니다. 확실히 없었어요. 당내 모든 세력이 복지 강조하고, 노동자의 자주적 권리 외치고, 통일·평화 중요하다고 이야기했어요. 다만 전술적인 선택에서는 차이가 있었죠.
'일어서라 코리아', '국보법 철폐 투쟁'의 경우처럼 정세를 해석하고 어떤 지점을 주요 타격할 것인지에 대해서는 인식의 차이가 컸습니다. 자주파가 주로 북한 문제와 관련된 쟁점을 부각시키려 했다면, 평등파는 남한 내부 문제를 중심으로 정세를 읽었어요. 그것을 정당화시키는 방식으로 평등파는 민생을 강조하고, 자주파는 남북한 대결 구도를 평화적으로 바꾸는 것에 집중한 것이죠. 국보법 철폐도 그 연장선상에 놓여 있고요. 그러다 보니 구체적인 정세 인식에서는 차이를 보일 수밖에 없었습니다.
그러니까 이쪽은 A를 강조하고 저쪽은 B를 강조했지만, 사실 C·D에 대해서든 A·B에 대해서든 근본적인 차이는 크지 않았던 겁니다. 문제는 그 상황에서 평등파가 늘 소수파로 밀린 겁니다. 소수파가 자기들이 원하는 전술적 형태의 싸움을 한 번도 해 보지 못하고 계속 다수파한테 밀리면 열 받거든요. 당내 구조에서 안을 관철시킬 수 있는 가능성도 없어 보였고. 그렇다면 무엇을 하겠습니까? 계속 욕만 하고 있을 것인가, 분리할 것인가 생각하지 않겠어요?

이광수 하나는 주고 하나는 받고, 이번에는 일단 받아 주고 다음에는 민생 복지 정책으로 가자, 정파 사이에 이런 정치적 노력은 없었습니까?

남종석 거의 없었죠.

이창우 2004년 말에서 2005년 초, 김혜경 대표 체제 아래서 국보법 투쟁이 별 성과 없이 정리되고, 그 이후 당 지지율이 10퍼센트 대로 뚝 떨어지면서 하향 곡선을 그리기 시작했습니다. 원내 입성 이후 지지율 수직 상승의 흥분은 금세 가라앉고, 별도로 만든 기자실도 기자들이 썰물처럼 빠져나가 휑했습니다. 이렇게 당이 정체되니까 민생 제일 노선을 다시 내세웠어요. 그 즈음 참여연대가 '천만 빈곤시대' 화두를 던졌고, 민주노동당에서도 '빈곤 제로 프로젝트' 같은 것을 내놓으면서 민생 쪽으로 방향을 잡은 겁니다. 아마 당 내부에서 열린우리당 2중대 소리를 안 듣기 위해서라도 자기 정체성을 분명하게 드러낼 수 있는 무언가를 해야 한다는 논의와 동의가 있었던 것 같아요.

불리하면 민생으로 돌아가 국민들의 지지를 얻고,
그러다가 상황이 좀 나아지면
다시 반미로 가서 까먹고……

남종석 NL 쪽에서 그랬죠.

이광수 그때까지만 해도 분위기가 괜찮았네요?

이창우 하지만 그 이후에도 NL들은 미군 훈련 막는다고 전차
에 올라가는 등의 퍼포먼스를 계속 벌입니다. 민주노동당을 반
미자주화 투쟁의 수단처럼 만들려는 흐름은 계속 이어지죠. 반
미·통일 관련 단체랑 활동가가 오죽 많습니까?

이광수 맥아더 동상 끌어내리는 그런 일?

이창우 네, 그렇죠. 그런데 NL이 다 그랬던 것은 아니고, NL 일
부에서는 한쪽으로 과도하게 쏠리는 것을 문제라고 생각했죠.▌

남종석 환원적인 것이 자주파의 고질적 특징이에요. 공세적일

▌ 2005년의 맥아더 동상 철거 투쟁은 민주노동당 내 NL 그룹의 다수가 움직인 투쟁은
아니었다. 그보다는 당 바깥의 NL 근본주의 그룹이 추동한 투쟁이었다.

때는 항상 북한 관련 쟁점이나 반미 같은 자신들의 전략적 과제를 전면에 내세우다가, 당이 대외적으로 공격받거나 사회적 정당성이 훼손되었을 때는 민생으로 돌아서는 경향 말입니다. 통합진보당 부정 선거 사건과 분당 사태 때도 그랬고, 이석기 사건 이후에도 그랬어요.

자주파는 공세적일 때는 항상 선도적인 투쟁을 기획하고, 그 오버 액션으로 사회적으로 고립되면 민생으로 돌아와 몸을 움츠리고 조직을 정비하면서 비약을 꿈꿉니다. 그러다가 다시 공격적으로 나오고, 이런 식의 돌출적인 상황이 계속 벌어졌습니다.

이광수 불리하면 민생으로 돌아가 국민들의 지지를 얻고, 그러다가 상황이 좀 나아지면 다시 반미로 가서 까먹고……. 그렇다면 문제네요. 왜 그렇게 쓸데없는 짓을 할까요? 그렇게 해서 뭐가 좋을까요?

최희철 그건 '민족좌파'뿐 아니라 다른 정당도 다 비슷하지 않나요? 새누리당도 자기들이 불리하면 시장에 가서 상인들 만나잖아요. 마찬가지로 대중정당에서 충분히 있을 수 있는 일인 것 같은데요.

평등파의 맹점,
한반도 평화 전략 부재

남종석 앞에서 제가 자주파와 평등파가 전략적인 면에서는 차이가 거의 없다고 했는데, 수정할 필요가 있을 것 같습니다. 물론 공식적으로 드러나는 모습은 크게 다르지 않죠. 하지만 '이석기 사건'을 보면 그렇지 않을 수도 있겠다는 생각이 듭니다.

가장 큰 문제는, 자주파의 경우 비공식 조직과 당내에 들어와 있는 공식 조직이 분리되어 있다는 것입니다. 자주파 내부의 활동가 모임 양태를 보면 비공식 조직을 더 중시하는 측면이 있어요. 내부에 비공개 조직이 있고, 대표되지 않는 이 조직이 주요 의사결정을 하고, 공개된 조직은 핫바지이거나 지도를 받는 위치에 있습니다. 이런 상황에서는 민주적 의사결정 자체가 무의미해요. 모든 것을 뒤에서 조종하니까.

또 다른 문제는 역시 '이석기 사건'을 통해서 알게 된 것인데, 자주파 내 다수파인 경기동부의 핵심 단위 사람들이 필요하다면 '군사적 노선'을 포함시킬 수 있다는 취지의 발언을 했다는 것입니다. '발언'을 했다는 것이지 '조직'을 했다는 것은 아닙니다. 이건 명백한 사실이니까.

이광수 무슨 말입니까? 구체적으로.

남종석 이석기 그룹이 조직 핵심에 포진하고 있는 경기동부는, 한반도 긴장 상황 속에서 군사적 행동도 선택지로 열어 놓고 전술을 구사하거나 전략을 사고한다는 것이죠. 한국의 좌파들은 현재는 물론이고 앞으로도 무장폭력 투쟁은 안 된다는 '반폭력주의' 입장을 취하고 있습니다. 이것을 '민주적 사회주의'라고 표현하죠. 이행·평화와 관련한 전략적 관점이 근본적으로 차이가 있는 겁니다.

자주파의 다수파가 내부적으로 이런 입장을 갖고 있다면 어떻게 함께하겠어요? 공식 조직보다 비공식 조직을 더 중요시하는 것, 무장투쟁 노선, 북한에 대한 맹종 등을 자기비판하지 않는다면 그들과 같이할 수 없을 것 같습니다. 뭐, 그들도 우리와 함께할 생각은 없겠지만 말입니다.

최희철 그들의 군사전략이 통합진보당의 공식 입장은 아니지 않습니까?

이광수 공식적인 것이 무슨 의미가 있습니까? 속으로 매일 그런 생각을 하고 있는데. 물론 공식적으로는 안 나왔죠. 그런데 과정이 어떻든 우리가 알게 되어 버렸잖아요.

남종석 말씀드렸다시피 자주파의 경우 비공식 조직의 판단이 공식 조직의 행동을 결정하는 데 중요한 역할을 합니다. 자주파의 비공식 조직이 그렇게 생각한다면, 그것은 그들이 인정하든 않든 간에 그들의 노선으로 봐야죠.

이광수 그런 이야기는 할 필요가 없어요. 그들 스스로 부인을 안 했으니까. '농담'으로 한 이야기라고 했잖아요. 어쨌든 그런 말을 했다는 겁니다.

이창우 하지만 남북 관계의 불안정성에서 비롯되는 위기 상황, 이른바 '한반도 리스크'는 엄연히 존재하는 것 아닌가요? 그것은 한국 정치에서 거의 상수에 가까운 요인입니다. 그럼에도 불구하고 NL과 PD의 대립 구도 속에서 PD는 한반도 리스크를 지나치게 과소평가하는 경향이 있어요. 반대로 NL은 과도하게 보죠.

'통일이냐 평화냐'라는 질문이 주어진다면, 저의 선택지는 평화 쪽입니다. 평화가 더 큰 가치라고 생각하기 때문에 '통일'에 특수한 지위를 부여하고 과도하게 강조하는 것은 문제가 있다고 봅니다. 그렇지만 PD 쪽에서 평화를 이야기하면서 사회적 실천 과정을 진지하게 고민하거나 정치적인 문제로 다루지 못하는 것도 문제예요. '한반도 리스크'를 제대로 인식하지 않는 측면이 분명 있습니다. NL과 PD의 대립 구도에서 평등파가 가지는 맹점이라고 할 수 있죠.

이광수 저 사람들이 싫으니까?

이창우 그런 면도 없지 않죠.

남종석 동의합니다. 평등파들은 미국의 한반도 전략에 대한 문제의식이 확실히 부족해요. 미국의 목적이 한반도 평화를 지키는 것은 아니잖아요. 한반도 민중들의 생존은 그들의 1차 관심사가 아닙니다. 미국은 전략적·전술적 판단에 따라 한반도에서 언제든 군사적 행동을 선택할 수 있어요.

북한의 경우, 한국전쟁 당시 엄청난 폭격을 받아 국토가 황폐화된 경험이 있기 때문에, 미군이 한반도에서 공격적인 군사훈련을 하면 거의 준전시 상황처럼 긴장합니다. 팀스피리트 훈련, 키 리졸브 훈련할 때 북한이 경기를 일으킨 것도 이런 상황의 반영이고, 지금도 그런 측면이 있습니다. 이러한 북한의 정세 인식이 남한 NL 진영의 정세 판단에 상당 부분 영향을 미치는 것 같아요.

반면, 평등파는 한반도에서 긴장이 고조되더라도 전쟁까지 이어진 적이 한 번도 없다 보니까, 전쟁은 당연히 일어나지 않는다는 전제 아래 정세를 바라보는 경향이 있습니다. 동북아 정세를 판단하는 능력은 아예 결여되어 있고요. 평등파가 민생 문제에만 천착하는 것도 이런 이유 때문입니다. 개인적으로 저는 한반도에서 전쟁, 예컨대 국지전이 일어날 가능성이 충분하다고 보는데, 좌파들은 이 문제를 깊이 고민하지 않아요. 노동당에서 여성·평화 등의 쟁점을 열거하지만 상당 부분 수사에 불과합니다.

이창우 PD 진영에서 평화와 통일 문제와 관련하여 얼마나 의미 있는 실천을 만들어 냈는지 반성하고 제대로 성찰할 필요가 있습니다.

남종석 '이석기 사건'이 일어났을 때 자주파를 비판하는 사람들이 뭐라고 했냐면 "군사적 전술을 고려하다니 황당무계하다" "저 또라이들은 한반도에서 전쟁이 일어날 가능성이 얼마나 된다고 완전 무장을 준비하나" "경기동부는 자기들이 만들어 낸 상상의 세계 속에 살고 있다" 그러면서 조롱했습니다. 이렇게 비아냥거리는 문화가 평등파 내부에 만연했어요. 이진경이나 진중권 같은 유명 인사들도 마찬가지고요.

이광수 평등파들에게 그런 경향이 있기는 하겠습니다만, 그렇다고 '이석기 그룹'처럼 생각하지 않은 것이 문제라고 할 수는 없지 않나요? 전쟁이 쉽게 일어나지 않을 거라고 보는 것이 왜 문제인가요? 그건 누가 옳고 그르다고 말할 수 없는 일 아닙니까? 전쟁 가능성을 고려하지 않았다고 유치하다고 할 수는 없어요.

남종석 유치하다는 것이 아니라, 언제든 전쟁이 일어날 가능성이 있고, 그것을 고려해야 한다는 말이죠.

이광수 사실 '이석기 그룹'이 문제가 좀 많은 사람들이긴 합니다. 전쟁이 일어날 가능성이 있다고 해도 대다수 국민들은 그렇게 생각하지 않잖아요? 1994년 김일성 사망 소식이 들려왔을 때는 국민들이 불안감에 라면 사재기라도 했지만, 지금은 전혀 그렇지 않은데 그 사람들만 '압력밥솥 폭탄' 어쩌고 하니까 미친놈

소리를 듣는 겁니다.

최희철 국지전 수준의 전쟁은 일어날 수도 있지 않을까요?

이광수 그건 알 수 없죠. 우리가 관여할 수 있는 일도 아니고. 국지전 수준의 충돌이 일어나든 안 일어나든 '압력밥솥 폭탄', '전화국 타격' 같은 이야기가 국민들 눈에 어떻게 비치겠느냐는 겁니다.

최희철 전쟁 가능성은 당연히 알 수 없죠. 다만, 저는 일어날 가능성도 있다고 보는 겁니다.

이광수 그런 말은 할 필요가 없어요. 우리 정보 수준에서 말해봤자 아무 소용없는 일 아닙니까? 중요한 것은, 라면 사재기라도 하던 시절이라면 몰라도 지금은 아무도 그런 생각을 안 하는데 압력밥솥 폭탄 준비하고 있으니까 '또라이'라는 말을 듣는다는 겁니다.

남종석 그래도 어쨌든 국제 정세를 고려할 때, 한반도에서 국지전이 벌어질 수도 있다는 것을 염두에 두어야 한다고 봅니다.

이광수 똑같은 이야기라니까요. 국지전이 벌어질 수 있다고 보는 것도 맞지만, 그런 전쟁이 쉽게 일어나지 않는다는 조건을 받아들이는 것도 맞습니다. 아무도 몰라요. 'Nobody Knows', 어느 쪽이 맞는지 따질 수 없는 문제입니다.

이창우 씨는 한반도 리스크가 엄연한 현실이니까, 통일운동을 넘어선 좀 더 적극적 의미의 평화운동을 전개해야 한다고 말씀하셨는데요, 그런 말은 자주파 사람들과 기분 좋게 당구 칠 때 그 사람들 비위 맞춰 줄 때 하는 이야기 아닌가요? 현실정치에서 와닿는 말은 아닌 것 같아요. 지금 우리가 자주파가 추구하는 통일운동까지는 아니더라도 적극적인 평화운동을 하지 못하고 있는 것이 안타깝고 애석하다는 말씀에는 마음이 가지 않네요.

최희철 이창우 씨 의견은 그런 차원은 아닌 것 같습니다. 가령 우리나라에서 긴장 상태가 고조되는 것도 일종의 전쟁, 가령 '저강도 전쟁'이라고 볼 수 있겠죠. 예를 들어 주식이 폭락한다거나, 사람들이 실제로 공포감을 느낀다거나 하는 것 말입니다. 그러므로 일상에서의 평화가 보장되어야 할 필요는 있겠지요.

이창우 우리가 말하는 '평화'가 어떻게 드러나야 할지 진지하게 고민하자는 겁니다. '한반도 평화 프로세스'를 만들어 가려면 남한의 정치는 무엇을 해야 하는가? 안보와 평화, 통일 문제를 풀어 갈 구체적인 사업과 정책이 있어야 할 것 아닙니까?
남한 국민들의 일정한 동의를 끌어내면서 추진해야 하는 일이기 때문에, 소위 진보정당이나 진보정치 세력이 한반도 리스크를 어떻게 효과적으로 제어하고 한반도 평화 프로세스에 접근할 것인지 설득력 있는 대안을 내놔야죠. 북핵이나 미사일 문제, 북한 인권 문제, 경협과 군사·정치 문제의 분리 등 현 단계에서 안보와 평화 정착을 구체화시킬 계획을 비전과 더불어 제시해야 합니다. 애매하게 이야기하지 말고.

이광수 그 논의는 집권을 목표로 하는 정당이 갖추어야 할 내용이겠죠. 집권정당으로서 준비하는 차원에서 접근해야 하는 문제 아닌가요? NL 사람들 비위 맞춰 주는 선에서, 우리도 그쪽으로 갈 테니 같이 해 보자는 그런 의도도 있나요? 둘 중 어느쪽인가요? 아니면 둘 다입니까?

이창우 둘 다죠. 집권을 위해서도 국민들에게 설득력 있는 안을 제시해야 하고, 당내 정파 대결 구도를 완화시키기 위해서라도 대안을 내놓고 차이를 좁혀 합의점을 찾아가야 합니다. 그렇다면 어떻게 할 것인가? 과거 민주노동당 때 '한반도평화구축운동본부'라는 기구가 있었습니다. 윤영상 씨가 본부장을 맡고 대안적인 정책을 꾸준히 제시했어요. 윤영상은 PD 계열 사람인데 그렇게 했습니다. 그러나 민주노동당에서 떨어져 나온 뒤에는 진보신당에서 그런 논의가 제대로 활발하게 이루어진 적이 없었던 것 같아요.

남종석 제가 속해 있는 '사회진보연대'에서는 이와 관련하여 꾸준히 논의를 이어 가면서 문제를 제기하고 있습니다. 현재 미국의 헤게모니가 위기를 겪고 있지 않습니까? 중국과의 관계를 보면, 미국이 경제적으로 중국에게 밀리고 있어서 군사적으로 중국을 압박하는 판국입니다. 이런 상황에서 미국은 전술적 측면에서 국지전을 통해, 혹은 국지전이 아니더라도 북한을 매개로 긴장을 고조시키는 선택을 하고 있습니다. 이런 긴장 관계가 전쟁으로 나타날 경우 큰 파국으로 이어질 수 있어요. 미국 입장에서는 국지전이지만 한반도에서 전쟁이 벌어지면 우리에게는 엄청난 파국이니까 당연히 관심을 가져야 합니다.

문제는 이런 주장이 운동 진영에 먹혀들지 않는다는 것입니다. 평화는 당장 먹고사는 것과 관련이 없으니까요. 평화의 문제를 너무 한가롭게 생각하면 안 됩니다. 진보정당이든 운동 진영이든 동북아와 한반도 정세를 읽는 눈을 갖추어야 합니다.

이광수 그러니까 사회진보연대나 과거 민주노동당의 평등파 일각에서 했던 작업, 이른바 '한반도 평화 프로세스'를 준비하는 이유가 통합진보당과 함께 다시 그리운 옛날의 민주노동당 시절로 돌아갈 것을 고려한 작업이냐는 말입니다.

남종석 민주노동당 시절로 돌아가자는 게 아니라, 평등파들이 한반도 평화 문제를 좀 더 깊이 성찰해야 한다는 겁니다. 평등파들이 평화 문제에 너무 관심이 없다는 지적이죠.

이광수 너무 소홀했다? 꼭 자주파 사람들과 잘해 보려는 노력만은 아니라는 말씀이군요. 그런데 말입니다. 우리가 지금까지 이야기했듯이 자주파가 많은 문제를 안고 있습니다만, 그럼에도 불구하고 민주노동당 시절을 그나마 그리워하는 것은 자주파를 진보정치의 한 일원이라고 생각하고 가능한 한 공통분모를 뽑아서 함께 진보정치를 복원시켜야 한다는 요구 때문 아닙니까? 함께했던 그 시절이 아쉬운 것이죠.

여러 가지 전술적 차이와 문제는 다시 그런 상황이 펼쳐지면 그때 푸는 것으로 잠시 미뤄 두고, 여전히 그들을 진보정치 세력 안에서 함께할 수 있다고 보는 이유가 뭘까요? 여전히 아쉬워

하는 이유는?

남종석 자주파와 연관된 노조의 수많은 대중들이 존재하잖아요.
다른 부분의 운동에서도 마찬가지이고요.

이광수 그렇죠. 민주노동당을 깨고 나온 것을 반성하면서도 여
전히 자주파와는 함께할 수 없다는 불신이 남아 있는 게 사실
입니다. 그럼에도 불구하고 그들과 함께 진보정당을 해야 한다
면 그 이유는 하나입니다. '노동'의 문제, 그 사람들 힘을 빌려
서 함께해야 노동 문제를 해결할 수 있지 않겠습니까? 그렇게
만 할 수 있다면 뭔들 못하겠습니까. 자주파와 비자주파의 공통
점으로 전혀 흔들리지 않는 것이 바로 '노동'일 테니까요. 그들
이 군사적 타격, 혜화동 전화국 접수, 압력밥솥 폭탄을 얼마나
진지하게 준비하는지는 모르겠지만, 그 사람들의 힘이 노동문
제를 해결하는 데 도움이 된다면 함께해야 하지 않을까요?

노동중심성의
현재적 의미

남종석 지금까지 자주파 이야기만 했는데요, 평등파들에 대해서
도 할 말이 많지 않습니까? 평등파도 끄집어내서 따질 것이 좀
있을 텐데요.

이광수 노동 이야기를 하면서 자연스럽게 논의할 수 있겠죠. 노동을 바라보는 시각의 차이 말입니다.

이창우 평등파들이 '노동', '노동중심성'을 강조해 왔는데, 구체적으로 어떻게 이해하고 있는지 살펴볼 필요가 있어요. 예컨대 '희망버스' 현상을 어떻게 바라보는지, 이전의 노동중심성은 무엇이었고 지금은 어떻게 새롭게 재조명할 수 있는지 확인해 보면, '노동'을 통해 함께할 수 있는 지점을 찾을 수 있을 것 같습니다. 좌파 내부에도 다양한 입장과 견해가 존재하지 않습니까?

이광수 핵심은 '왜 노동이냐?', '아직도 노동이냐?' 이것이겠지요.

이창우 '아직도 노동이냐'라기보다는, 지나치게 계급 중심적인 사고와 '프롤레타리아 독재' 수준의 문제의식이 잔존해 있는 것, '노동중심성'을 계급적인 것으로만 협소하게 이해하는 산업프롤레타리아 단계의 인식에 머물러 있는 것 같습니다. 과연 현실에서 노동중심성의 범위와 구체적인 내용은 무엇이고, 어떻게 하면 실천적 의미를 가질 수 있을지 논의했으면 합니다.

이광수 통합진보당에서도 노동중심성을 말하고 있죠? 그들도 불리해지면 민생으로 돌아오니까요.

남종석 통합진보당이 제일 많이 말하고 있죠.

이광수 통합진보당의 노동중심 정치와, 노동당·정의당의 노동중심성의 차이는 무엇입니까? 녹색당은 새로운 패러다임이니까 조금 다를 것이고.

남종석 정의당도 노동중심성을 이야기합니까? 노동당 안에서도 노동중심성을 이야기하는 집단과 그렇지 않은 집단이 있거든요.

이광수 정의당은 조금 애매하죠. 그렇지 않나요? 말은 하지만 그다지 압도적 비중은 아닌 것 같아요.

남종석 통합진보당이든 노동당이든 고용 안정성 보장, 실질임금 향상, 노동시간 감축 같은 노동자의 생존권과 관련된 요구에는 이견이 없을 겁니다. 노동기본권을 지키자는 데 반대할 이유가 없죠. 정의당이라고 반대하겠어요? 누가 반대하겠습니까? 새정치민주연합은 좀 반대할 것 같네요. 그들의 전신인 민주당이 정권 잡았을 때 노동자 보호하는 정책 안 했거든요. 이것은 역사적인 경험입니다.

정의당에 대해서는……, 제가 품고 있는 문제의식은 이렇습니다. 스웨덴 사민당을 비롯해서 독일 사민당, 영국 노동당 등 유럽의 사민주의 정당은 모두 노동유연성을 받아들이고 있거든요. 노동유연성이란 알다시피 쉽게 고용하고, 쉽게 해고하고, 정규직을 줄이는 것입니다.

신자유주의 개혁 속에 노동의 유연성은 임금의 개별화로 가게 돼 있습니다. 예전에는 생산성이 올라가면 그에 따라 모든 노동자의 임금을 올려 줬지만, 요즘에는 생산성이 올라가도 임금 상승은 차등적으로 이루어집니다. 노동을 개별화시켜 노동자들

문제는 정의당이 지향하는 유럽 사민주의 주류는
노동유연성을 수용하고 있는 상황이라는 겁니다.
그들이 그 개혁을 주도했고요.

내부의 연대를 약화시키는 전략입니다. 이런 시스템을 만드는
것이 우파들의 개혁 전략이고, '신케인스주의' 주류 경제학자들
이 이를 이론적으로 정당화합니다. 이런 방안을 새정치민주연
합뿐만 아니라 유럽의 주류 사민주의 정당들이 대부분 받아들
이고 있어요.

그렇다면 정의당이 지향하는 유럽 사민주의는 무엇인가? 70년
대 이전의 고전적 케인스주의인가, 아니면 80년대 영국의 '신노
동당New Labour'이나 독일 슈뢰더식의 신자유주의화된 사민당인
가? 어느 쪽으로 갈 것인가? 두 길은 엄연히 다르죠.

노동당 등 좌파들이 말하는 노동중심성은, 노동자계급의 계급
적 이해를 토대로 한다는 것을 의미합니다. 노동자가 산업노동
자인지 비산업노동자인지는 상관없습니다. 요즘은 서비스노동
자가 훨씬 더 많거든요. 노동중심성은 노동력을 팔아야 하는 노
동자들의 계급적 이해를 실현해야 한다, 노동자운동이 가장 중
요한 대중운동의 토대이다, 정도의 의미일 뿐이에요. 노동자가
이행의 주체가 될 수 있는지는 노동운동의 급진화에 달린 문제
이지 선험적으로 주어지는 것은 아닙니다.

예컨대 우리나라의 노동소득분배율이 45퍼센트 정도█인데 노
동자들에게 돌아가는 몫을 더 늘려야 하지 않습니까? 그러려면

115

실질임금을 올려야 합니다. 또한 2011년 현재 한국의 노동시간은 2,090시간으로 OECD 국가들 가운데 가장 긴 노동시간을 기록하고 있습니다. 이런 장시간 노동도 줄여야 하지요. 이 정도 소박한 주장에는 정의당의 많은 동지들이 모두 동의할 겁니다. 정의당이 노동유연성을 확대하여 비정규직을 늘리자고 주장하지는 않겠죠. 하지만 문제는 정의당이 지향하는 유럽 사민주의 주류는 그것을 수용하고 있는 상황이라는 겁니다. 그들이 그 개혁을 주도했고요.

노동권,
착취받을 권리인가

최희철 저는 근본적으로 '노동권'의 구체적인 내용이 무엇인지 궁금합니다. 회사에 취직해서 일할 수 있는 권리, 쉽게 말해서 고용될 수 있는 권리를 뜻하나요? 자본주의 체제 안에서 노동

■ 노동소득배분율은 피고용자 소득을 부가가치로 나눈 값이다. 그러나 계산하는 방식에 따라 그 값이 큰 차이가 난다. '부가가치 총액'을 국민총생산액으로 계산하는 방식과, 국민총생산에서 고정자본소모비(감가상각비)와 간접세(순생산 및 수입세)를 제외하여 계산하는 방식이 있다. 전자의 방식으로 계산하면 2012년 현재 한국의 노동소득배분율은 45퍼센트이다. 반면 한국은행처럼 후자의 방식을 사용할 경우 62퍼센트가 된다. 고정자본소모비와 순생산및 수입세가 포함되는 간접세는 고용 측의 부와 관련된 부가가치이기 때문에 전자의 계산 방식이 더 타당하다고 볼 수 있다. 한국노동연구원은 두 방식을 모두 사용하여 계산하고 있다. 한국노동연구원, 《2012 KLI 노동통계》 참조.

자의 '일할 수 있는 권리'란 자본가에게 고용되는 것을 말할 텐데, 그런 방식의 고용될 수 있는 권리를 요구하는 것인가요? 그건 엄밀한 의미의 '권리'가 아니지 않습니까?

이창우 더 포괄적이죠. 국가를 상대로 국민의 권리인 '일할 수 있는 권리'를 보장해 달라고 요구하는 것입니다. 예를 들어 사민주의 국가에서 적극적으로 고용정책을 펴지 않습니까? 공공부문을 확대하여 일자리를 늘리는 식으로 국가가 세금을 가지고 일자리를 만드는 적극적인 노동정책을 펼 수 있죠.

최희철 '일할 수 있는 권리'라면 현실적으로 회사에 취업하는 것을 의미할 텐데, 회사에 취직해서 노동을 하면 '착취' 문제가 발생하잖아요. 결국 노동권을 보장하라는 것은 그렇게 착취당할 수 있는 권리를 달라는 의미인지 묻는 것이죠.

남종석 부분적으로는 맞고 부분적으로 틀렸습니다. 이창우 씨 말씀은 일단 고용이라도 해 달라는 것인데, 이것은 노동권의 일부입니다. 우리 사회에서 일반적으로 통용되는 노동권은 노동할 권리를 포함하여 고용된 자들의 제 권리를 뜻합니다. 고용된 자들의 고용 안정성 보장, 노동과정에서 인간적 존엄 보호, 존엄한 삶을 유지할 수 있는 임금을 받을 권리 등이 모두 노동권에 포함됩니다. 이창우 씨 말씀은 노동권의 의미를 좀 더 확장해서 일할 수 있는 권리도 보장해 달라는 것입니다. 실업자나 비정규직처럼 일을 하고 싶어도 못하는 계층이 워낙 많이 늘어났기 때문인데, 이것은 일반적으로 노동권이라기보다는 실업정책을 요구하는 것이죠.

자본주의사회에서 실업이 정치적·사회적 측면에서 문제가 되니까 실업자들의 일자리 창출이 중요한 과제가 되었습니다. 케인스도 완전고용 정책을 주장했어요. 투자를 하든 공공부문을 늘리든 고용을 확대해서 일을 하고 싶어도 못하는 사람들에게 일자리를 주자는 것입니다. 사회적으로 고통 받고 있는 시민들이 있으니까. 이러한 사회적 해결 방안은 정책의 문제이면서 노동할 수 있는 권리를 보장하려는 노력이죠.

그런데 마르크스주의자들이 말하는 노동권은 그보다 더 근본적입니다. 신체에 대한 자기 소유, 삶에 대한 자기 결정권으로서의 노동권을 주장하는 것이죠. 쉽게 말해서, 노동자들이 생산수단을 소유해야만 노동과정에서 자기 결정권을 가질 수 있거든요. 마르크스주의자들이 말하는 노동권이란 이렇게 노동자의 자기 소유, 노동자연합에 의한 자기 소유를 주장하는 것이고, 이런 입장은 사실상 자본주의 체제 하에서의 소유권에 대한 비판의식을 전제합니다. 말하자면 마르크스주의자들이 말하는 노동권이란 곧 공산주의를 의미하지요. 우리 사회의 진보 진영에서 말하는 노동권과는 근본적인 차이가 있습니다.

이광수 최희철 씨 질문을 들으니 궁금증이 생기네요. 좌파는 회사에 고용되어서 노동을 하면 전부 착취당한다고 생각하나요?

최희철 저는 그냥 '노동권'의 의미를 물어본 것입니다. 고용될 수 있는 권리를 뜻한다면, 우리가 굳이 주장할 필요가 있을까? 그런 권리라면 포기하고(?) 차라리 장기적인 관점에서 다른 방향

> 안타깝게도 '노동'이 노동계급, 일하는 사람들,
> 혹은 극단적으로 좁아져서 정규직·대공장의
> 조직된 노동자들의 것으로 협소화되고 있어요.

의 노동을 시도해 보는 것은 어떨까 싶어서요. 지금은 자본과 노동의 관계가 지배적이지만, 그것만을 '노동'이라고 할 수 없을 겁니다. 좌파도 결국은 이런 '이항적 관계'를 깨자는 것 아닙니까? 그 외 새롭고 다양한 관계들을 찾아내는 것이 좌파의 의무(?)까지는 아닐지라도, 그런 방향으로 나아가야 하지 않을까요? 저는 오늘날 우리의 진보정치가 그런 면에서 일정 부분 한계가 있다고 봐요. 자본주의라는 틀 안에서 힘든 싸움을 하고 있는 것은 인정하지만, 그 틀을 깬다는 것을 '비현실적'이라고 생각한다는 겁니다. 이 점에서 우파들의 생각과 큰 차이가 없어 보입니다. 그런 현실성은 자본주의가 만들어 낸 '이데올로기'임에도 불구하고 말입니다.

남종석 착취 개념을 윤리적인 측면에서만 볼 필요는 없습니다. 마르크스주의적 착취란 노동이 순국부를 창출하는데 그 부가 노동자들에게 돌아가지 않는 현실을 일컫는 개념입니다. 2013년 우리나라 국내총생산(GDP)이 1,423조에 달합니다. 그중 노동자들이 대략 45퍼센트를 가져가고 나머지 56퍼센트는 이윤으로서 자본가들이 가져갑니다. 물론 국민총생산과 국내총생산은 차이가 있고, 간접세·감가상각비 등을 감안하면 수치가 약간 달라지지만 노동자의 몫이 대략 이 정도죠. 마르크스는 이것을 '착취'라고 하는 것입니다. 부의 원천이 노동에 있다는 것입니다. '착취' 개념 안에는, 자본주의 체제 자체가 인민들의 노동을 토대로 하고 있으면서 부의 상당 부분은 노동하지 않는 집단에게 돌아가는 비윤리적 시스템이라는 비판이 담겨 있습니다. 하지만 그렇다고 해서 마르크스주의자들이 당장 노동자들이 생산한 부를 전부 노동자들이 가져가야 한다고 주장하는 것은 아닙니다. 현재 시스템 속에서 노동자들이 부를 다 가져가서 소비해 버리면 자본 축적이나 경제성장이 이루어지지 못하잖아요. 공산주의사회에서조차 잉여의 일부는 축적되어야 합니다. 그러니까 마르크스주의자들이 착취의 관점에서 현 체제의 비윤리성을 비판하더라도 당장 일한 만큼 다 분배되어야 한다고 주장하지 않고, 또 실업자들이 있다면 착취를 받더라도 적극적인 고용정책을 요구하는 것입니다. 먹고살아야 하니까요.

이창우 제가 민주노총 토론회에 참석했을 때, '노동의 시민권'에 대한 질문을 받은 적이 있어요. 정의당의 입장을 묻기에 '노동의 시민권'과 '시민의 노동권'이 함께 진전돼야 한다고 이야기했습니다. 무슨 말이냐면, 예컨대 '촛불'에 모여든 사람들을 흔히 '시민'이라고 하지 않습니까? 시민이 도대체 누구입니까? 비정규직, 자영업자, 지식노동자, 문화예술노동자, 혹은 예비노동자들 아닙니까? 많은 사람들이 시민적 정체성을 가지고 '희망버스'에 참여하고 '촛불'을 드는데, 들여다보면 이 사람들이 다 노동자거든요. 노동운동 하는 세력들은 '노동의 시민권'을 강조합니다. 사회에서 노동이 무조건 배제당하고 단체협약 등에서 노조 자체를 무시하는 경향이 너무 심하니까, 이른바 UN이 권고하는 시민사회협약 수준의 권리라도 보장하라고 요구하는 것이죠. 충분히 이해할 수 있는 일입니다.

다만, 저는 여기서 한 걸음 더 나아가 역으로 '시민의 노동권'도 전략적으로 적극 주장해야 한다는 겁니다. 노동운동 세력이 시민이라는 무정형의 집단에 대해, 자본주의사회에서 노동하는 존재로서 노동할 수 있는 권리가 있고 노동을 통해 정당한 자기 권리를 누릴 수 있다고 얘기해야 합니다. '노동의 시민권'과 '시민의 노동권'의 상호 접근과 변증법적 통일이 이루어져야 한다는 것이죠. 그것이 실질적으로 노동중심성을 강화하는 과정이 될 것입니다. 하지만 안타깝게도 자꾸만 '노동'이 노동계급, 일하는 사람들, 혹은 극단적으로 좁아져서 정규직·대공장의 조직된 노동자들의 것으로 협소화되고 있어요.

이광수 노동 개념이 사회로 확장되지 못하고 반대로 좌절됐다는 말씀이네요. 노동당 입장은 어떻습니까?

남종석 노동중심성을 강조하는 노동당에서도 이창우 씨와 같은 비판을 합니다. 노동운동이 정규직·대공장노동자만 대변한다고 말입니다. 비정규직·하청노동자들은 제대로 대변하지 못한다는 것이죠. 사실 노동당이 노동운동에 가장 비판적인 입장을 갖고 있어요. 노동당의 당권파(녹색사회주의 그룹)는 대기업 중심의 노동운동이 사실상 체제에 포섭되었다는 문제의식을 갖고 있고, 이런 노동운동에 토대를 두고 있어서 진보정당운동이 제대로 된 진보성을 실현하지 못했다고 비판합니다. 그래서 당명도 '녹색사회주의정당'을 표결에 붙였다가 대의원대회에서 부결되어서 '노동당'으로 바뀌었죠. 노동중심성에 대한 비판의식이 그만큼 강합니다. 그런 점에서 이창우 씨 견해와 근본적인 차이가 없어요. 저도 그 입장에 반대하지 않습니다.

다만 한 가지 언급하자면, 저는 녹색사회주의연합의 입장이 문제 제기로는 나름 정당성이 있다고 보지만 그들이 제시하는 대안에는 전혀 동의하지 않습니다. 그들이 제시하는 녹색적 대안은 지금 구체적으로 말씀드리기 뭣하지만 경제학 비판의 관점에서 보면 너무 조잡합니다. 자본주의가 작동하는 메커니즘에 대한 무지가 깊이 배여 있거든요.

이창우 제 표현이 좀 어설프죠.

남종석 저는 노동자의 권리는 당연히 보호되어야 하고 노동운동이 정치적 시민권을 획득해야 한다는 의견에 전적으로 동의합니다. 또 시민의 노동권을 주장해야 한다, 그러니까 노동할 권리조차 박탈당한 사람들의 절실한 요구를 노동운동이 중심으로 받아안아 싸워야 한다는 것에도 반대하지 않습니다.

노동운동이 노동할 수 있는 권리, 착취 받을 수 있는 권리조차 없거나 부분적으로만 인정받는 집단까지 대표할 수 있어야, 아니 대표해야만 정당성을 확보할 수 있고 그래야 노동운동이 클 수 있습니다. 노동운동이 "우리의 시민권을 인정해 주세요" 한다고 인정되는 건 아니거든요. 스스로 힘을 키워야 하는데, 정규직 주변에 흩어져 있는 조직되지 못한 노동자들을 건져 내지 못한다면 노동운동의 미래 자체가 없다고 할 수 있습니다.

정의당과 노동당의
거리

이광수 '노동중심성'에 대해서는 노동당과 정의당의 입장 차이가 없는 건가요? 두 분의 말씀을 들어보면 그렇게 들리는데, 실제로는 아닌 것 같거든요?

남종석 노동운동의 중심성, 노동자계급의 이해에 토대를 둔 급진적인 정당을 만들어야 한다는 점에 대해서는 두 입장이 비슷한 점이 있습니다. 그러나 정의당은 자본주의 체제 하에서 대안적인 정책정당을 지향하는 반면, 노동당에는 근본주의자들도 꽤 많아요.

이광수 '근본주의'라면?

남종석 혁명이죠. 단지 사회운동이 아니라 사회주의적 이행을 중심에 놓아야 한다는 입장입니다. 사회주의가 실현되어야 노동자들, 민중들의 근본적인 이해를 실현할 수 있다는 것입니다. 그리고 한 가지 더 말씀드리자면, 현재 정의당이 자유주의와 타협하고 있다는 의심도 있습니다.

이광수 결국 노동당과 정의당이 큰 차이는 없는 것 같네요. 사회변혁 차원만 다르고 '노동중심성'에 대한 견해는 같다는 말로 들리는데, 통합진보당도 마찬가지인가요?

남종석 구체적인 현실적 대안에서 차이가 크게 나지 않지만 지향성 측면에서는 꽤 큰 차이가 있지요. 자유주의와 친하다는 의미를 구체적으로 말씀드린다면, 비정규직 문제나 노동자의 기본권 보장 등의 노동문제에 대해 지금은 다 함께 가지만 권력을 잡으면 결국 신자유주의자들처럼 할 거라는 의심입니다.

이광수 반면 정의당에서는 노동당은 아무것도 모르면서 말만 저렇게 한다. 권력을 잡지 못하고 잡을 생각도 별로 없는 것 같다고 하지 않습니까? 말만 빨갱이지, 정책 입안도 못하고 그럴 생각도 없다. 현실에서는 한 발자국도 못 나갈 것이라고 생각하는 것 같습니다.

남종석 정의당 쪽에서는 노동당을 그렇게 보겠죠. 무엇보다 정의당이 노동당을 바라보는 관점에는 '반정치주의 문화'에 대한 우려가 담겨 있어요. 제도 공간 자체를 너무 부정적으로 본다는 비판이죠. 정의당의 다수는 부르주아 국가장치를 적극적으로 활용해야 한다고 생각하니까요.

이창우 정의당에 대한 의심은 흔히 말하는 '시장'에 대한 우려겠죠. 참여계인 유시민 전 복지부 장관이 복지정책을 패키지로 내세우면서 시장의 효율성, 사회투자국가를 이야기하지 않습니까. 국가가 세금을 쏟아 부어서 돈을 쥐어 주는 것은 안 된다. 그렇게 하면 도덕적 해이가 생기니까 너희도 일해라. 일한 만큼 연동해서 복지급여를 주어야 한다. 이런 식으로 소위 '시장'을 섞는 것이죠. 그렇다면 시장을 얼마나 섞어야 하는가? 많이 섞으면 그것을 복지라고 할 수 있을까? 복지는 조금 넣고 시장을 과도하게 섞어서 경쟁·효율 체제로 가는 것이 아닌가 하는 우려죠.

이광수 남종석 씨 말처럼 정의당은 "너희가 권력을 잡으면 결국 DJ, 노무현 정책으로 갈 것이다" "신자유주의 정책으로 다 '나가리'시킬 게 뻔하다" "말로만 복지지 실제로는 신자유주의 합리성과 효율성, 생산성을 바탕으로 하려는 것이다"라는 비판을 받습니다. 정의당이나 녹색당 쪽에서는 노동당한테 뭐라고 합니까? 노동당에 대한 비판을 좀 해 주세요.

노동중심성의
최저 강령과 최대 강령

최희철 저는 조금 다른 관점에서 바라봤으면 합니다. 노동중심성이라는 것이 결국 '노동계급의 중심성'을 뜻하는 것 아닙니까? 그 자체로 이미 근대적 의미를 갖고 있는 것은 아닐까요? 무슨 뜻이냐 하면, 현실적으로 노동계급의 요구 조건은 '노동조합' 혹은 '노동자정당'을 통해서 표출되는데, 그것들은 이미 자본주의를 작동시키는 체제의 한 부분이 되어 버렸다는 것입니다. 자본주의 체제를 돌아가게 하는 '동업자의식'이라고 할까요? 그래서 그들은 엄밀히 말하면 자기 계급의 이익밖에 볼 줄 모르게 될 가능성이 높다는 것입니다. 만약 그렇다면 그런 계급

에조차 속하지 않는 이른바 '무無계급'은 어떻게 할 겁니까?

남종석 어디까지나 자본주의 체제 안에 포섭된 노동자의 입장이다?

최희철 이상적으로 들릴지 몰라도, 좌파라면 그런 틀 자체를 의심하고 그 틀을 깨려는 노력과 성찰을 끊임없이 행해야 하지 않을까요? 그런 노력 없이 노동계급의 중요성을 강조하면서 아직도 노동계급의 중심성이 선차적이라고 주장하는 것은, 근대적 관점에 머물러 있는 것으로 보입니다. 자본주의 체제 내에서 '자본과 노동'이라는 '이항二項적' 구도에 사로잡힌 시각으로는 우리 삶을 억누르는 억압의 근원을 제대로 바라보기 어려울 것이고, 자본주의 체제를 실질적으로 작동시키는 미시적 구조들 역시 이해하기 어려울 겁니다. 어떻게 보면 자본주의 체제 그 자체가 '정신분열적' 현상 아닐까요?
아무튼, 저는 이런 사고가 자본주의 체제 내에서 다양성이 뭉개지고 '이항성(혹은 이원론)'이 아직도 강조되기 때문이라 생각합니다.

남종석 그것은 충분히 답변할 수 있어요. 아까 말했듯이 노동당 사람들은 '사회주의'를 엄청나게 강조하고 주장합니다. 당명을 '녹색사회주의'라고 지으려고 할 만큼. 그러니까 노동자계급 중심성을 자본주의 체제 안에 안주하는 관점이라고 비판하면 노동당 주류는 전혀 수용하지 않을 거예요.
최희철 씨 말씀은, 노동자들은 자본주의 체제의 생산관계에 포함되어 있으니까 노동자계급 중심성을 강조하는 것은 결국 자본

최저 강령, 그러니까 자본주의 현실 속에서
노동자들의 안정된 삶, 민중생존권 같은 요구를 바탕으로
전선을 형성해야죠.

주의를 정당화화는 근대적 사고방식에 함몰된 것이라는 문제 제
기잖아요? 녹색사회주의자들도 똑같이 노동자운동을 비판하고
있습니다. 특히 정규직 노동운동을 그렇게 비판합니다. 그래서
한때 진보신당에서 한국 사회의 10대악 가운데 하나로 대기업·
정규직 노동조합을 꼽기도 했어요. 최희철 씨 견해와 별반 다를
게 없어요. 물론 제가 보기엔 좀 이상한 논리지만 말입니다.
그 비판에 저는 이렇게 답하겠습니다. 노동자계급 중심성을 논
할 때 노동자들의 상태와 그들의 주체화를 다르게 보아야 합니
다. 노동자가 처한 현실을 보면, 아까 말했듯 착취조차 제대로
못 받는 상태거든요. 비정규직이 엄청 많고, 생계를 유지하는
것 자체가 불안정한 수준입니다. 그리고 대부분의 노동자들은
사실 계급의식도 없고, 계급적 정체성도 없어요. 사회주의에는
아예 관심도 없고, 그들 중 상당수가 박근혜와 새누리당을 지지
합니다. 부산 지역도 박근혜 지지 높아요. 그러니까 이들이 자
본주의 체제에 내재화되어 있다는 것입니다. 이것을 부정하지
는 않아요.
그러나 노동자들은 노동력을 파는 존재이고 자신들의 노동을
착취당할 뿐만 아니라, 피고용 상태에서 늘 불안정한 조건에 노
출되어 있습니다. 정규직도 다르지 않아요. 서울의 증권회사에

서 월급 많이 받으면서 차장급 정규직 직원으로 일하는 제 친구도 회사에서 정리해고를 한다고 불안해 합니다. 이런 불안정한 조건은 자본주의가 있는 한 지속됩니다. 그렇기 때문에 노동자들이 노동조합을 만들고 정부 정책에 저항하는 것입니다. 그렇게 하지 않으면 더 비참해질 수 있으니까요. 이런 집단적 조직화의 가능성, 저항의 가능성이 바로 그들이 변혁적 주체로 구성될 수 있는 가능성입니다. 다른 어떤 집단보다 가능성이 높은 집단이에요.

이런 노동자 집단을 중심에 둘 수 없다면 어떤 이행도 불가능해요. 최희철 씨는 녹색당 당원 아닙니까? 최희철 씨처럼 녹색적 가치를 자본주의적 가치보다 더 중시하는 사람은 우리나라에서 정말 소수예요. 만약 최희철 씨가 노동자중심주의를 비판하기 위해 동원한 논리처럼 "노동자들이 체제에 포섭되었는데 무슨 노동자 중심성이냐"라고 주장하신다면, 동일한 논리가 녹색당에도 적용된다는 것이죠. 대부분의 한국인은 이미 산업주의, 과잉소비주의에 물들어 있어요. 시민운동 하는 사람들도 대부분 그래요. 그들의 의식이 어떻든 간에 말입니다. "모든 시민들이 소비주의에 물들어 있는데 무슨 녹색당이냐"라고 비판한다면 최희철 씨께서 어떻게 대답할지 궁금해요. 말하자면 시민들의 현재 의식 상태를 갖고 미래의 변화 가능성마저 부정해서는 안 되듯이, 노동자들의 현 상태를 갖고 미래의 변화 가능성마저 부정해서는 안 된다는 것이죠.

최희철 같이할 수 없다는 이야기는 아닙니다.

남종석 이념적 정체성이나 지향성과, 현실 상태를 인정하는 것은 다른 문제거든요. 그러니까 노동자운동을 중심으로 한다는 것은 노동자의 현재 상태가 체제 이행을 할 만큼 급진적이라는 이야기가 아니라, 노동자들이 처한 이해관계 자체가 반자본주의와 친화성을 갖는다는 것이죠.

최희철 노동중심성이 최선이냐는 질문에, 저는 아니라고 말하는 것입니다. 저는 이른바 좌파들이 노동중심성을 주장하는 것이, 민족좌파가 민족이나 통일을 이야기하는 것과 비슷하게 여겨집니다.

이광수 그 말은 맞는 것 같아요.

남종석 우리가 정치를 하는 목적이 무엇입니까? 민중들이 직면한 현실 문제를 해결하는 것 아닌가요? 노동문제는 그들이 직면하고 있는 가장 현실적이면서도 중요한 문제예요.

최희철 민중들이 노동문제만 생각하는 것도 아니고 또 그들에게 노동문제만 있는 것도 아니죠.

남종석 그렇지만 지금 먹고사는 문제가 제일 중요하지 않을까요?

최희철 먹고사는 문제가 반드시 노동하고만 연결되어 있습니까?

남종석 제가 말하는 먹고사는 문제란 생존을 위한 물질적 필요를 충족해야 한다는 것이고, 최희철 씨는 그 외 다른 것도 포함하는 삶 일반을 말하는 것 같습니다.

최희철 인간이 살아가는 모든 관계가 먹고사는 관계니까, 먹고사는 문제를 다양한 시각에서 바라봐야 한다는 겁니다.

남종석 돈 안 벌고 먹고살 수 있는 사람이 과연 얼마나 될까요? 그러니까 노동문제가 무엇보다 중요한 것이죠. 인간이 밥만 먹고 살 수는 없지만, 일단 밥은 먹어야 살 수 있거든요.

최희철 그것도 결국 어떤 '중심적' 생각이 아닐까요? 노동으로 돈을 버니까 돈을 버는 일만이 먹고사는 것과 관련이 있다고 생각하는 겁니다. 돈을 벌지 않는 일도 먹고사는 것과 관계가 있어요. 가령 여성의 가사노동이 중요한 삶의 한 방편으로 취급받지 못하는 것도 그런 사고 때문 아닐까요? 집안일 하는 전업주부들을 보고 흔히 '집에서 논다'고 하지 않습니까? 우리 사회가 너무 '돈벌이'와 관련된 노동에만 중심을 두어서 그런 것 같아요.

이광수 논의를 정당에 대한 문제, 집권에 대한 문제, 사회변혁에 대한 문제 등으로 모아 보죠. 남종석 씨는 노동이 제일 중요하다는 것 아닙니까? 노동당에서 소수파인 남종석 씨는 결국 '정치'를 하자는 입장인데요, 그렇다면 자주파와 같이 못할 것도 없지 않습니까? 자주파와 노동관이 같다면서요? 마찬가지로 정의당은 또 어때요?

남종석 똑같다는 것은 물론 아닙니다. 최저 강령, 그러니까 자본주의 현실 속에서 노동자들의 안정된 삶, 민중생존권 같은 요구를 바탕으로 전선을 형성해야죠. 이 부분에서는 통합진보당이든, 정의당이든, 노동당이든 별반 다를 것이 없어요. 다만 강조점을 어디에 둘지, 전술적으로 어떤 방법을 취할지를 놓고 갈라지겠죠. 예컨대 제도 개혁을 우선할 것이진, 아니면 사회운동을 우선할 것인지의 차이 정도죠.

반면 궁극적 목표, 곧 최대 강령은 많이 다를 겁니다. 진보좌파가 연대할 때 궁극적인 목표의 동질성을 갖고 접근해서는 안 돼요. 현재 전선에서 연대할 수 있는 수준에 맞춰서 가야 하는데, 노동 관련해서는 기본적으로 통합진보당과 노동당이 별 차이가 없다고 봅니다. 이것은 노동당의 입장이 아니라 개인적인 견해입니다. 하지만 저도 아까 말했듯이 통합진보당의 현재 구조가 민주적 구조가 아니라는 것이 걸립니다.

이광수 민주주의가 제일 중요합니까? 노동보다 민주주의가 우선 고려돼야 합니까?

남종석 그 두 가지죠. 노동중심성을 이야기하면서 민주주의를 같이 해결해야 합니다. 여러 세력이 하나로 모여 있을 때는 민주적 원칙이 중요합니다. 여기서 민주적 원칙은 다수결의 원칙을 말하는 것이 아닙니다. 다수결은 의사결정 구조 중 가장 저열한 수준이거든요. 발전된 민주주의라면 대화하고, 타협하고, 협상하다가 안 될 때 마지막으로 다수결을 씁니다. 그래야만 소수파를 보호할 수 있거든요. 또한 적어도 협의 과정에서 마주

앉아 논의하는 사람이 공식적인 대표로서 책임 있는 결정을 내릴 수 있는 민주적 구조가 갖추어져야 합니다. 그래야만 의사결정의 민주성이 확보될 수 있어요.

이광수 자주파와 당은 같이 못하지만, 전술적으로 같이할 수는 있다?

남종석 당연히 전술적으로 같이해야 할 때는 해야죠. 선거할 때 후보자 조정해야 하고, 집회할 때 저 사람은 새정치민주연합이고 저 사람은 통합진보당이라고 배척할 수 없지 않습니까? 함께해야죠.

이광수 그런데 실질적으로 지금은 통합진보당이 거의 '왕따'당하고 있잖아요. 솔직히 집회하면 그 사람들 안 나왔으면 좋겠다고 바라지 않나요? 그 사람들 떼거리로 몰려와서 맨 앞에서 들이대고, 텔레비전에 그 광경이 집중적으로 보도되면서 종북주의자들이 주최하는 집회라고 알려지고, 그러니 나머지 진보 진영은 혀를 차면서 그 사람들 보기 싫어서 안 나오고, 그러다 세가 점차 약해지고…….

최희철 집회나 시국대회에서 발언하고 공연하는 사람들 전부 민족좌파고, 문화행사도 그 사람들 없으면 판도 못 만들어요.

남종석 그렇죠.

최희철　노동중심성만으로 세상을 바꾸기 어려워요.

이광수　입만 가지고 되겠습니까?

최희철　입만 가지고 해서 안 된다는 게 아니라, 현실적으로 노동이 중요하긴 하지만 너무 노동에만 초점을 맞추는 것은 분명 문제라는 겁니다. 실제로 노동운동 하시는 분들과 이야기해 보면 너무 꽉 막혀 있다는 느낌이 많이 들거든요.

노동당이
바닥만 까는 이유?

이광수　정리를 해 보면 '노동중심성'에 대해서는 노동당과 통합진보당이 비슷하네요. 그런데 참 재밌는 것은, 한 당은 정치 행위를 하지 않으려는 집단이라는 치명적 결함을 가지고 있고, 다른 쪽은 아직도 80년대의 사고와 문화에 고착되어 있는 집단이라는 생각이 듭니다. 색깔이 전혀 다른 두 당이 '노동중심성'에서는 같은 목소리를 낸다는 게 참 흥미롭네요. 어쨌든 정의당까지 끼면, 그래도 노동중심 혹은 시민의 노동권, 노동의 시민권에 대해서만큼은 세 당의 생각이 비슷합니다. 그렇다면 뭔가 이루어 내기 위해서 무엇을 해야 할까요? 지금 각 당에서요. 정책을 만들어 뭔가를 해야겠다면 당장 비정규직 문제라도 세 당이 함께 풀어야 하는 것 아닌가요? 당장 하나의 당이 될 수는 없더라도 말입니다. 세 당의 공통점이라도 추출해 보자는 말입니다.

이창우 예를 들어 전교조가 법외노조화될 위기에 처했을 때 심상정 정의당 원내대표가 교원노조법 개정안을 제출하지 않았습니까? 심상정 개정안의 핵심은 교원 자격증이 있는 사람에게 전부 조합원 자격을 주자는 것이었습니다. 고용노동부가 해직교사의 조합원 지위를 인정한 전교조의 규약이 교원노조법에 위배된다고 걸고넘어지니까, 교원 자격증이 있으면 조합원이 될 수 있도록 법을 개정하려 한 것입니다. 실제로 외국의 대다수 교원노조에서는 다양한 지위의 사람들을 조합원으로 인정하고 있어요. 핀란드의 경우 교원을 준비하는 사람들, 대학생까지 교원노조 조합원으로 들어올 수 있는 자격이 있습니다.

그런데 심상정의 개정안은 교원이 아닌 사람, 학교 비정규직은 전교조 조합원이 될 수 없다는 취약점을 안고 있어요. 이것은 비판받을 수 있습니다. 하지만 한꺼번에 다 만족시킬 수는 없는 것 아닌가요? 심상정 개혁안은 해고자 9명의 조합원 자격 때문에 발생한 문제를 해결하기 위한 방안으로 봐야 합니다. 모든 문제를 다 해결하지 못한다고 '맛이 갔다'고 규정할 수 없다는 얘깁니다.

이광수 그냥 간단하게 해고자도 노조에 소속될 수 있다고 하면 되는 것 아닙니까?

이창우 노동중심성에 대한 정의당과 노동당의 차이를 논할 때 제가 정의당을 변론한다면, 심상정의 교원노조법 개정안처럼

통합진보당과 정의당은 '노동'을 내걸어 놓긴 하지만
실제로는 다른 거 합니다.
그래서 좀 더 대중적이지요.

모든 것을 만족시킬 수 없는 한계가 있더라도 당장 처한 현실에서 단기적 처방으로서 나름대로 의미가 있으면 긍정성을 봐야 한다는 말입니다.

남종석 그것은 차이는 아닌 것 같습니다. 왜냐하면, 노동당도 전교조가 당장 비교원까지 포함하는 단일노조로 가야 한다는 입장은 아니거든요.

이창우 제가 말하고 싶은 것은 당에서 'A'라는 정책을 내놓을 때 완벽할 수 없잖아요? 모든 것이 완벽해야만 인정받을 수 있는 것은 아니란 말입니다. 세상에 완벽이란 존재할 수 없어요. 모든 것은 부분적이고 잠정적일 뿐입니다. 그것이 어떤 지향을 가진 과정인지에 주목하고 좀 부족하고 결함이 있더라도 그것을 결정적 차이라고 이야기해서는 안 된다는 것입니다.

최희철 전교조 문제는 인권에 관한 문제로 접근해야 하지 않을까요?

이창우 인권의 문제 이전에 현실의 여러 흐름을 인정해야 한다는 것입니다.

이광수 세 분의 이야기를 듣다 보니, 각 당이 다른 부분에서는 첨예하게 다른데 왜 노동문제는 두루뭉술하게 비슷할까요? 그 것이 궁금해집니다.

남종석 생존권 문제니까 그렇겠죠.

이광수 저는 그렇게 생각하지 않아요. 생존권 문제여서가 아니라 다른 이유가 있는 것 같습니다.

남종석 또 다른 이유는, 자신들의 정치적 토대를 만들 수 있는 가장 유력한 세력이니까.

이광수 저는 그렇게도 생각 안 해요. 결국 돈이 안 되는 문제, 표가 안 되는 문제이기 때문에 그럴 것으로 봅니다. 결국 말만 하기 좋은 주제라는 겁니다. 실질적인 문제가 아니라는 말입니다. 비정규직의 정규직화를 주장한다고 해서 그것이 표가 되는 것도 아니고, 그것을 죽기 살기로 몰아붙일 것도 아니라는 겁니다. 좌파입네 하고 폼 재기만 좋은 것이죠. 너무 심한가요?

남종석 그러니까 노동에 관한 입장은 그저 주장하고 유지만 하는 정도다?

이광수 그러면서 실질 정치는 다른 데 가서 하는 겁니다.

남종석 그런 측면이 있죠.

이광수 그런데 노동당은 그걸 정책으로 내세우고 죽기 살기로 합니다. 그러니까 맨날 바닥만 까는 거예요. 통합진보당과 정의당은 노동을 내걸어 놓긴 하지만 실제로는 다른 거 합니다. 그래서 좀 더 대중적이지요. 그렇지 않나요?

남종석 노동당이 죽기 살기로 그것만 해서 바닥을 깐다는 견해에는 동의하지 못하겠네요. 노동당이 비정규직 문제에 '올인'하는 것은 맞는데요. 문제는 그것만 하는 데 있는 것이 아니라 전술과 전략을 제대로 짜지 못하는 데 있습니다. 노동당은 정세 분석 능력이 매우 낮거든요. 바닥만 깔더라도 제대로 깔면 좋겠는데 그게 안 되는 게 문제죠.

이창우 이건 음해성 발언 아닌가요?

이광수 음해성이라기보다는 진보정치 진영에서 '노동'이 결국 허울 좋은 구호에 그친다는 말을 하고자 하는 겁니다.

남종석 그렇게 보기는 힘들죠.

이광수 그렇게 노동이 중요하면 다른 것을 좀 양보하고, 민주주의를 양보하고, 평화통일을 양보하고 노동당, 정의당, 통합진보당이 합쳐야 하는 것 아닙니까? 저는 평소 그런 생각을 합니다. 저분들은 말로는 피를 튀기면서 노동을 부르짖는데 그걸 실현하려고 무슨 노력을 하는 걸까?

최희철 감정이 상했는데 합쳐지겠습니까?

이광수 당 이름이 노동당이지 않습니까? 그러면 노동을 위해 감정 정도는 좀 감출 줄도 알아야죠. 정치하는 정당인데. 그렇지 않나요?

최희철 절대로 통합진보당과 노동당은 못 합칠 것 같아요. 세상이 발칵 뒤집힐 만한 사건이 일어난다면 또 몰라도.

남종석 저도 합치기 어려울 것 같아요. 단지 감정적인 문제만은 아니고 여러 문제가 얽혀 있죠. 그래도 어쨌든 우리는 정치적 지반을 만들어야 합니다. 노동중심성, 노동자운동에 토대를 둔 정치적 지반 말입니다.

이광수 그러려면 세 당의 국회의원, 혹은 구의원들이라도 다른 것은 제쳐 놓고라도 노동문제에 관한 조례든지 뭐라도 만드는 데 앞장서야죠. 구 단위나 시 단위에서부터 작게라도 만들어 가야 하지 않습니까? 다른 일 하지 말고 노동에 관한 것부터 말입니다. 노동이 그렇게 중요하다고 강조하면서 왜 그런 노력을 하지 않는 걸까요?

남종석 그런 노력을 전혀 안 하는 것은 아닙니다. 통합진보당 의원이 발의한 안을 정의당이 반대하나요? 그렇지는 않아요.

이광수 제가 볼 때는 관심이 없어요. 말로만 노동이 중요하다고 하지.

남종석 현실정치의 세력 관계 속에서 법안이나 정책을 발의한다고 해서 쉽게 성사되기는 어려워요. 예컨대, 비정규직·파견근로자 사용을 제한하는 정책을 입안하면 반대할 사람 없어요. 적어도 세 당에서는 없을 겁니다. 그러나 주류 정당에서 '노' 하면 아무것도 못 해요.

이광수 주류 정당에서 반대하더라도 세 당이 함께하겠노라고 선언하는 정도는 보여 줘야 하지 않나요?

이창우 그보다는 '노동중심성' 문제와 관련해서 자유주의적 태도에 대한 견해를 논의하는 것이 더 중요하지 않을까요?

타협할 수 없는
연대의 최소 조건

이광수 저는 노동당이나 정의당, 통합진보당이 외부적으로 목소리 높이고 강령에 내세운 것만큼 노동에 충실한지 묻는 것입니다. 현실적으로 뭔가 만들어 내려면 다른 것을 양보하더라도 자유주의적 접근 방식을 수용해야 한다는 말입니다. 노동이 그렇게 중요하다면, 적어도 정치 행위를 하는 정당이라면.

남종석 예컨대 심상정 의원이 제안한 교원노조법 개정안처럼 진보적 개혁안을 입법하려는 노력에는 동참하는 게 당연합니다. 현실에서 법안을 만들어 내려면, 완벽하지 않더라도 구체적인 상황에서 무언가 얻어 내려면, 자유주의를 끌어들여야 한다는 말씀이잖아요. 그 주장에 전혀 반대 안 합니다. 그러나 그것을 이유로 자유주의자들과 같은 당을 할 것인지는 다른 문제죠.

이광수 개인 남종석의 입장은요?

남종석 이렇게 말씀 드릴 수 있습니다. 전교조 문제를 해결하기 위해 조합원 규정을 바꾸는 문제는 얼마든지 타협할 수 있어요. 하지만 매우 중요하고 핵심적인 쟁점들, 대표적 노동악법인 탄력적근로시간제(변형시간근로제) · 파견근로제 · 정리해고와 최저임금▌ 같은 문제는 절대 타협해서는 안 됩니다.

▌ **탄력적근로시간제**는 노사 합의가 있을 경우, 특정 주, 특정 일에 한하여 법정노동시간(주 40시간, 1일 8시간)을 초과하여 노동할 수 있는 제도이다. 이 경우 연장근로수당을 지급하지 않아도 된다. 예컨대 40시간의 법정 주노동시간을 초과하여 60시간의 노동이 가능한 것이다. 다만 특정 주에 초과된 노동시간은 다른 주의 법정노동시간에서 삭감하면 된다. 또한 1일 노동시간의 신축성도 확대된다. 주 법정노동시간 40시간 이내에서 1일 노동시간을 다양하게 확대하거나 줄일 수도 있다. 주 5일 근무제에서 3일 동안 40시간 노동을 한 후 2일은 노동하지 않아도 되는 것이다. 탄력적근로시간제는 노동시간의 신축성을 극단적으로 확대할 수 있는 제도이다.

파견근로자보호에 관한 법은 기업이나 기관이 노동자를 직접고용하지 않고 파견업체로부터 노동자를 공급받는 것을 허용하는 제도이다. 파견업체는 노동자들을 모집하여 사업장에 노동자들을 파견한다. 이 제도 하에서 기업이나 기관은 노동자들을 직접 고용하지 않아도 되기 때문에 노동계약을 언제든지 종료할 수 있다. 초기 입안된 파견근로자보호

한국 사회의 노동조건들을 규정하는 결정적인 제도가 만들어진 과정을 보면 심지어 노동운동조차 다 타협했어요. 민주노총이 노사정위원회에 들어가서 다 '오케이'한 겁니다. 그렇게 만들어진 법안들이 우리가 말하는 신자유주의 노동정책들입니다. 이 부분은 타협할 생각이 없습니다. 물론 그렇다고 자본주의사회에서 비정규직을 완전히 없앨 수는 없어요. 그건 불가능한 이야기입니다. 세 가지 노동악법이 통과되기 전에도 비정규직은 있었어요. 비정규직이 없다면 자본주의가 아닌 것이고, 그런 체제를 당장 요구하는 것은 완전 극좌파죠.

이광수 현실적으로 비정규직이 있을 수밖에 없다고요?

남종석 현실적으로 그렇습니다. 제가 인정하든 않든 간에 자본주의 역사에서 비정규직이 없었던 적은 없어요. 세 가지 노동악법이 통과되기 전인 90년대 이전에도 우리나라 전체 노동자의 40퍼센트는 임시직·일용직이 차지했어요. 현재는 1년 상용직

등에 관한 법은, 파견근로자를 사용할 수 있는 대상 업종을 규정하고 있었다. 반면 개악된 파견근로자법은 지정된 업종(제조업 및 기타 부분)을 제외하고 나머지 업종에 대해서는 파견근로자를 활용할 수 있도록 허용했다. 이는 파견근로자를 사용할 수 있는 범위를 대폭 확대한 것으로 노동의 불안정성을 증가시키는 대표적인 악법이다.
정리해고제는 경영상의 긴급한 상황이 있을 때 기업들이 정규직 노동자들을 해고할 수 있도록 허용하는 제도이다. 그러나 경영상의 긴급한 상황은 경영자의 임의적인 판단에 의하기 때문에 현재와 같이 정리해고가 일상적으로 진행되게 되었다. 정리해고제와 탄력적근로시간제는 김대중 정부 때, 파견근로자보호 등에 관한 법은 노무현 정권 때 입안되었다.

과 임시직·일용직을 합하면 60퍼센트 정도 됩니다. 제도적으로 자유주의자들이 비정규직을 이렇게 늘리는 데 결정적인 역할을 했습니다.

이광수 그것은 절대 타협할 수 없다?

남종석 파견근로제 합의한 것은 무조건 역전시켜야 합니다. 지금 정의당도 파견근로제를 폐지하는 데 동의할 겁니다. 만약 동의하지 않으면 우파라고 엄청 까야죠. 그리고 비정규직이 있을 수밖에 없다면서 '비정규직 철폐' 구호를 외치는 이유는, 말하자면 요구투쟁으로서 비정규직을 줄이고 안정화하자는 것이고, 좀 더 근본적인 측면에서 보면 노동해방 세상을 만들자는 주장입니다.

이광수 그러면 자유주의 색채가 강한, 자유주의도 진보적일 수 있다고 주장하는 정의당의 입장은 어떤가요? 남종석 씨가 말한 서너 가지 정도는 받아들일 수 있나요?

이창우 탄력적근로시간제, 근로자파견법이 처음 도입될 때는 이른바 '네거티브 리스트'와 '포지티브 리스트'를 놓고 쟁점이 형성되었어요. 현실적으로 자본주의 체제에 다양한 고용관계가 존재하기 때문에 '파견' 형태의 노동을 완전히 부정하기는 어렵다. 그러니까 파견노동을 허용해 줄 부문만 규정하는 '포지티브 리스트' 방식이어야 한다는 것이 노동계의 입장이었습니다. 노동계 입장 자체가 파견노동이든 비정규직이든 전면적으로 부정할

변형시간근로제에 대해서는 통합진보당이든 정의당이든
별 차이가 없다고 생각합니다.

수는 없다는 것이었어요. '파견근로 자체가 된다, 안 된다'의 문
제가 아니라 수량적인 문제가 된 겁니다.

남종석 파견노동을 허용하는 최소한의 업종을 결정하고 나머지
는 일체 금지하는 방식이어야 한다는 것이죠. 현실적으로 노동
과정상 파견근로가 필요한 작업장이 있으니까요. 그런데 파견
근로는 직접고용의 문제와 얽혀 있습니다. 노동당은 기본적으
로 직접고용을 요구합니다. 직접고용이 불가능한 사업장이 아
니라면 말입니다. 대학 청소노동자 등은 모두 직접고용을 요구
하는 상황이거든요.

이창우 그러니까 애초에 민주노총이 파견근로제에 수세적으로
대응한 것이 아니라, 파견근로제를 둘러싼 논의가 제도 도입 자
체가 아닌 적용 업종을 구성하는 방식을 놓고 이루어졌다는 말
입니다. 그런 의미에서 이것은 양적인 문제라는 것이고, 비정규
직 문제도 비정규직이 아예 없을 수는 없으니까 노동조건이나
급여·차별 금지 등에 초점을 맞추는 것이고요.

남종석 동일노동 차별 금지 문제라는 말씀이죠.

이창우 그렇습니다. 그런 방식으로 접근해야지 "비정규직 철폐! 무조건 비정규직은 안 돼!" 이런 식으로는 할 수 없다고 봅니다.

이광수 그렇다면 동일노동, 동일임금으로 비정규직 문제에 접근한다는 점에서 정의당과 남종석 씨는 입장이 같네요.

남종석 저는 파견근로제에 반대하고요, 변형시간근로제도 받아들일 수 없습니다. 변형시간근로제를 받아들이면, 자본이 노동과정을 완전히 지배할 수 있거든요. 현재 변형시간근로는 1일 노동시간이 아니라 주 단위로 노동시간을 통제할 수 있도록 되어 있습니다. '주 35시간'을 합의해 주면, 자본가가 언제든 35시간을 쓸 수 있게 되는 것이죠. 밤에 출근해서 3일 동안 35시간 일하고, 4일 동안 쉬라고 하는 것이 가능하다는 말입니다. 이것은 안 됩니다. 35시간 노동이라는 것은, 하루 7시간씩 5일 35시간의 노동시간이 되어야 합니다. 그렇지 않으면 노동과정을 자본 측이 완전히 통제하는 결과를 낳습니다. 게다가 변형시간근로제 아래서는 노동자들이 받던 연장근로수당이 사라져 버려서 실질임금이 하락할 수밖에 없어요.

아까 말했듯이 변형시간근로제나 근로자파견법이 없을 때도 일용직, 임시직, 1년 계약직이 있었거든요. 현실적으로 비정규직이 존재하고, 존재할 수밖에 없다 하더라도 그런 악법은 필요 없습니다. 노동운동이 이를 역전시킬 힘이 있을지 의문이지만 말입니다. 변형시간근로제에 대해서는 통합진보당이든 정의당이든 별 차이가 없다고 생각합니다. 다만, 그것을 주요 쟁점으로 만들 것인지 정세 판단의 차이는 있겠지만 말입니다.

이광수 노동의 문제를 목숨 걸고 할 만큼 중요하게 여기지 않는 것 같다는 생각이 여전히 드네요.

남종석 개인적으로 저는 노동당이 정의당과 합당해야 한다고 보는 합당파입니다. 이 정도 문제는 정의당에 들어가서 관철시킬 수 있다고 보거든요. 정의당 사람들도 설득할 수 있다는 것이죠.

이창우 정의당과 노동당이 합치면 노동당이 무조건 '갑'입니다.

남종석 그렇게 될 수 있어요. 저도 그렇게 생각해요.

이광수 제가 정의당 간부 한 분과 이야기 나눈 적이 있는데요, 그 사람은 한 마디로 잘랐습니다. "깃발정당 할 의사 전혀 없습니다. 그럴 것 같으면 정당 안 합니다."라고 단호하게 말합디다. 무슨 뜻이냐면, 노동당에 대한 의심이죠. 노동당은 정책을 입안할 수 있는 현실적인 정당이 아니고 맨날 깃발만 들고 있다, 그런 상태가 앞으로도 계속되면 그 정당과 통합하느니 차라리 정당을 안 하겠다는 겁니다.

이창우 글쎄요. 저는 그렇지 않은 사람도 많을 것 같은데요.

이광수 노동당이 남종석 씨 말대로 조금 더 구체적인 정치 행위를 보여 주고, 정의당이 노무현과 유시민이 했던 일을 통렬하게 반성하면 전혀 못 만날 이유가 없어요. 양쪽 다 반성을 안 하고 앞으로 포부를 밝히지 않으니까 지금 상태로 있는 것 아닐까요?

진보적 자유주의
정의당의 정체성

이창우 노동중심성에 관한 논의가 의미를 가지려면 자유주의에 대한 입장을 정리해야 해요. '진보적 자유주의'를 주장하는 최장집 선생이 '노동이 있는 민주주의'를 말하지 않았습니까? 그렇다면 노동중심성 문제와 소위 자유주의 세력을 어떻게 볼 것인지, 정의당이 자유주의에 좀 더 관용적이라면 그것을 과연 진보라고 할 수 있는지, 이런 문제 제기가 나올 수밖에 없어요.

이광수 자유주의에 대한 논의가 필요하죠. 그런데 제가 가장 의아한 것은 통합진보당, 노동당, 정의당이 다 같은 생각을 하고 있다는데 왜 노동중심 정치가 안 되냐는 겁니다. 노동의 가치를 제일로 두지 않는 녹색당은 일단 빼고 말입니다. 그 대표 주자인 민주노총과 노동운동의 문제를 짚고 넘어갈 필요가 있지 않을까요?

남종석 첫째, 정파 문제가 크게 작용합니다. 민주노총 내에서 누가 세력을 장악하는가. A가 장악하면 B가 반대를 하고, B가 장악하면 A가 반대합니다. 정파 패권이 가장 첨예한 문제입니다.

이광수 또 자주파 이야기인가요?

남종석 민주노동당이 갈라지고 경쟁하면서 그 구조가 민주노총으로 그대로 이전되었고, 그러면서 공동의 안을 마련하지 못한

점이 있어요. 게다가 민주노총에는 민주노동당의 정파 외에 또 다른 세력인 '현장파'가 있습니다. 이른바 변혁 그룹이죠. '노동 전선' 등 변혁적 노동자계급정당 건설을 지향하는 이들이 민주 노총 대의원 중 상당수를 차지하고 있어요. 이렇게 다양한 정파 가 난립하고 있으면서 정파 간 내부 합의가 전혀 안 되는 상황 이었고, 또 각 연맹들도 있잖아요. 민주노총 산하에 9개의 산별 연맹과 7개의 직가입 노조가 있는데, 각 조직 집행부의 정치적 입장도 많이 다르죠. 각 조합이 따로 놀거나 혹은 각 정파가 장 악한 노조가 따로 노는 방식으로 흘러갔습니다. 현실 운동을 고 민하는 분들 입장에서는 당이 합쳐지는 게 편한 측면이 있습니 다. 오죽하면 민주노동당과 진보신당의 통합 이야기가 나왔을 때 "제발 좀 합쳐라, 그래야 민주노총이 더 안 깨진다"는 말이 나왔겠습니까?

현재 민주노총은 다양한 정파의 활동가들이 합의를 해도 동원 할 수 있는 대오가 그렇게 많지 않아요. 그런데 정파별로 갈라 져 있으니까 더 힘이 결집되기 어렵죠. '87년 세대' 이후 급진화 된 노동운동의 노장들은 이제 너무 늙었습니다. 80~90년대 노 동운동을 주도했던 세력들이 다 50이 넘었어요. 새로 형성되는 세대들은 비정규직이 많은데, 현장분임조나 활동가들과 결합된 소모임 등이 활성화되지 못하고 있어요. 이들이 급진화되면서 사회운동이 다시 성장해야 하지 않겠습니까?

이광수 구체적으로 노동당과 정의당의 강령 차이는 없나요?

남종석 강령은 차이가 명확하죠. 노동당은 사회주의 체제 건설을 목표로 합니다. 생태와 성적 평등이 실현되는 사회주의 말입니다. 자본주의적 관계를 지양한다는 것이 분명하게 강령에 명기되어 있습니다.

이광수 정확하게 자본주의를 어떻게 한다는 겁니까?

남종석 자본주의를 극복하는 것이죠. 제가 볼 때 정의당은 사민주의와 진보적 자유주의, 두 가지가 결합되어 있는 것 같습니다. 앞에서도 말했듯이 사민주의도 따져 보면 고전적 사민주의가 있고, 영국의 블레어로 대표되는 '뉴레이버new labour'가 있어요. 이 사람들은 사실 진보적 자유주의와 똑같습니다. '뉴레이버' 노선의 창시자인 앤서니 기든스Anthony Giddens가 표방하는 것이 '진보적 자유주의'입니다. 진보적 자유주의가 모델로 삼은 것은 미국 민주당이죠. 제2차 세계대전 후 미국 민주당의 내용을 끌어들인 것인데, 국내에서는 노무현을 지지했던 좌파들, 노무현 정부에 결합했던 그룹 가운데 가장 왼쪽에 있는 사람들이 진보적 자유주의자였습니다. 서구 사민주의자들이 80년대 경제 위기에 적응하면서 나온 새로운 노선 역시 진보적 자유주의입니다. 독일도 스웨덴도 마찬가지예요. 다들 신자유주의의 몇몇 요소들을 받아들이고 있습니다. 오늘날 사민주의는 진보적 자유주의로 수렴되고 있는 상황입니다.

이광수 그럼 노동당은 녹색·생태·노동을 중심으로 한 자본주의의 극복이라고 할 수 있을 텐데, 그렇게 따지면 정의당은 뭡니까? 진보적 자유주의나 사민주의는 일종의 언어 구사인 것 같

정의당은 사민주의와 진보적 자유주의,
두 가지가 결합되어 있는 것 같습니다.
오늘날 사민주의는 진보적 자유주의로 수렴되고……

고, 실질적으로 추구하는 것은 뭡니까?

남종석 일단 사민주의 아닙니까?

이광수 사민주의든 자유주의든 그것을 구성하는 가치를 묻는 겁니다. 어떤 가치를 가장 앞에 놓는지. 녹색당은 녹색, 노동당은 노동, 그럼 정의당은 무엇이냐는 말입니다. 자본주의 극복, 노동과 녹색의 가치가 합쳐진 사회주의라는 말은 노동당이 했으니까. 그럼 정의당은 무엇 무엇이 통합된 진보적 자유주의인가요?

이창우 그렇게 묻는다면 정의당은 '평화로운 복지국가'라고 할 수 있습니다. 평화란 한반도 평화를 의미합니다. 한반도 리스크를 안고 있는 채로 복지국가라고 할 수는 없으니까요. 복지국가라는 전망은 자본주의에 대한 평가와 연결이 되겠죠. '자본주의의 극복'은 그것이 실질적이든 선언적이든 추구해야 할 지향입니다. 사민주의도 나라마다 다 달라요. 다양한 사민주의가 있습니다. 사민주의에 대한 정의당의 태도는 예를 들어, 에른스트 비그포르스Ernst Wigforss의 '잠정적 유토피아' 개념과 일맥상통합니다. 유토피아 자체는 현실에 없지만 그렇다고 해서 그것을 지향하지 않는 것은 아니라는 것이죠. 복지국가를 잠정적인 유토피아, 현실에서 가능한 비전으로 제시하고 있습니다. 비판적으로 보는 사람은 복지국가라고 하면 "그 옛날 비스마르크가 했던 것 아니냐"고 말할 수도 있겠죠.

남종석 비스마르크가 했더라도 인민들에게 도움이 되면 좋은 거지, 굳이 그것을 반대할 필요는 없습니다.

이광수 두 정당이 추구하는 방향이 올바른 것 같아요. 사회주의를 지향하는 것은 당장 우리가 취할 수 없는 현실이니까. 그렇다면 많은 인민들의 지지를 받으려면 복지국가, 잠정적 유토피아를 택하는 것이 맞지 않겠습니까? 비스마르크 입장하고 비슷한 거죠.

남종석 차이가 있다면 이런 것이죠. 노동당은 생태, 성적 평등, 사회주의적 체제를 강령에 규정하고 있어요. 지향점을 밝힌 것입니다. 일종의 모델이죠. 그러나 모델을 상정해 놓고 현실에서 무엇을 할 것인지는 사실 모호하잖아요. 그래서 모델로서의 사회주의를 만드는 것은 큰 의미가 없다고 봅니다. 그러한 지향점은 지니되 현실에서, 현재 조건과 맥락 속에서 무엇을 할 것인지는 현실의 운동으로 봐야 합니다. 여러 가지가 있잖아요. 노동자의 힘을 강화시킨다든지, 현재 부르주아와의 대치 전선에서 어떤 싸움을 만들어 낼 것인지가 중요하다는 겁니다.
복지국가 실현 자체를 부정할 수는 없어요. 복지국가가 되면 인민들한테 좋은데 그걸 반대한다면 정신 나간 인간들이지요. 다만 복지국가를 어떻게 실현할 것인가, 복지국가가 도대체 무엇인가. 복지가 하나의 구호로 끝날 것이 아니라, 흔히 신자유주의라고 하는 경제 민영화나 노동유연성을 막아 내는 것, 혹은 이미 진행된 것을 제대로 바꾸어야 한다는 것입니다. 이렇게 한다면 사회주의자들이 아니더라도 복지국가를 주장하는 사람들과 같이 못할 이유가 하나도 없어요.

제가 복지주의자들에 대해 비판적인 이유는, 말은 '복지 복지' 하면서 우파의 의제를 그대로 도입하는 현실을 지적하는 겁니다. 90년대 복지국가를 주도했던 서구 나라들에서도 그렇게 나타났어요. 저도 현재 조건 속에서 노동자들의 복지, 민중들의 복지를 실현할 수 있는 구체적 실천 과제가 무엇인지 고민합니다. 이런 부분에서 공동의 전선을 만드는 것은 전적으로 동의해요. 저뿐만 아니라 노동당 주류도 동의할 거라고 확신합니다. 인민들에게 좋은 것인데 "저 사람들은 사민주의자들이라서 같이할 수 없다"고 하는 것은 운동을 하자는 것이 아니라 정신이 나간 것이니까요. 실제로 그렇게 정신 나간 사람들이 있긴 하지만 대부분은 그렇지 않다고 봐요.

이광수 그렇다면 문제는, 정의당이 남종석 씨 말대로 신자유주의에 편승해서 일정 부분은 받아들이면서 복지국가를 지향하는가, 아니면 노동당처럼 복지국가를 지향점으로 두고 그 조건이라 할 신자유주의적 상황을 받아들이지 않고 그것에 저항하는가의 문제가 됩니다. 정의당 당원으로서 이 견해를 어떻게 생각합니까?

이창우 예컨대 노무현 정부처럼 집권을 하게 된다면 말씀이죠? 브라질의 룰라도 집권 초기에는 브라질의 경제위기를 돌파하기 위해 신자유주의 프로그램을 받아들인 측면이 있어요. 그것은 아주 구체적인 상황에 따라 달라지지 않을까요? 지금은 집권한 것이 아니어서…….

이광수 그래도 신자유주의에 대한 구체적인 입장이 있지 않습니까?

이창우 정의당의 지향은 분명 신자유주의의 대척점에 서 있죠.

이광수 그러면 노동당과 차이가 없는데요?

이창우 당을 같이할 수 있는지의 판단이라면 쟁점이 형성될 수 있을 것 같습니다. 사회경제정책의 방향은 상당 부분 공유하고 있지 않나요? 정의당 심상정 원내대표가 국회 대표연설에서 '소득 주도 성장'을 이야기했거든요. 그것도 일종의 담론 수준이지만 과연 노동당이 소득 주도 성장을 어떻게 받아들일지?

남종석 개인적 입장이지만, 노동당이 그런 부분은 충분히 받아들일 수 있다고 봅니다.

자본주의 극복의
실천적 의미

이광수 그게 아니라, 저는 신자유주의를 정확히 말하면 현재의 자본주의라고 생각합니다. 자본주의, 혹은 신자유주의적 자본주의가 과연 선택의 대상입니까? 우리는 물속에 사는 물고기 같은 처지 아닌가요? 물론 이것은 개인적인 견해이지만, 노동당의 입장은 전혀 실현 불가능하고 운동으로서만 가능하다고 봅니다.

정당은 정책을 만들어서 구체화시켜야 하는데, 지금 노동당은 자본주의를 극복하자고 합니다. 전 세계 어느 나라에서 자본주의를 극복한 적이 있습니까? 남종석 씨가 누구보다 잘 아시겠죠. 그런 일이 지금 같은 글로벌 자본주의사회에서 과연 단독 국가에서 가능한 일이냐는 것입니다. 룰라 아니라 룰라 할애비도 못해요. 그런데 노동당은 계속 자본주의를 지양하는 것을 목표로 삼고 있어요. 그것은 정당을 안 하고 싶다, 나는 오로지 불만 비추는 등대로 살고 싶다는 말로 들린다는 겁니다. 저는 그런 분들이 왜 정당을 하는지 궁금해요. 그러니까 저는 사회운동을 통해 정치 쟁점을 만들어 가는 것과 정당의 정책 생산, 이 두 가지 역할이 분담되어야 한다는 말입니다.

제 주변의 가까운 노동당 동지들을 보면 사회운동도 하면서 정당 활동도 한단 말이에요. 그렇게 정치하려면 그냥 사회운동만 하는 편이 나을 것 같아요. 정당은 구체적인 정책을 만들고 실현시키는 과제를 가지고 있습니다. 그러니까 신자유주의를 극복하지 말자는 것이 아니라, 정당을 하려고 한다면 운동을 정당 체제로 끌고 오면 안 된다는 겁니다.

남종석 저는 조금 다릅니다. 예컨대 지향점을 갖는다는 것은 목표를 정하는 것 아닙니까? 노동당이 계속 사회주의를 이야기하는 것은 사실 별 의미가 없어요. 지향점은 장기적인 목표로서 설정하는 것이고, 현재에는 해당 국면에 맞는 요구들을 이행해야 한다는 것이죠. 그것은 구체적인 정책으로 나타날 수 있습니다. 예컨대 '철도 민영화에 반대한다' 하면, 그 이유가 무엇인지, 어떤 근거에서 반대하는지, 철도는 이런저런 형태로 운영되어야 한다든지, 이런 것이 모두 구체적인 정책이잖아요? '물 사유화 반대' '한·중 FTA 반대' 모두 구체적인 정책적 문제입니다. 어떤 정책에 대해 우리는 찬성하지만 이 부분은 받아들일 수 없다는 것이 구체적으로 나와야 해요. 다만, 제가 보기에 현재 노동당은 그런 정책을 만들어 낼 수 있는 역량 자체가 안 됩니다.

이광수 정책 역량이 없어서 안 되는 건 아닌 듯해요. 노동당이 '예스'할 수 있는 게 뭐가 있습니까? 자본주의 체제 내에서 받아들일 수 있는 것이 있어요? '한·중 FTA' '철도 민영화'에서 받아들일 수 있는 것, 그래서 조금이라도 실현시킬 수 있는 것이 있는지 좀 구체적으로 듣고 싶습니다.

남종석 노동당의 정책과 저의 견해가 다를 수 있으니까 개인적인 생각을 말씀드릴게요. 저는 기본적으로 기업의 투자를 활성

자본주의, 혹은 신자유주의적 자본주의가
과연 선택의 대상입니까?
노동당의 입장은 전혀 실현 불가능하고
운동으로서만 가능하다고 봅니다.

화시켜야 한다고 생각합니다. 항상 이야기하지만, 기업의 투자를 살려야 일자리가 창출될 수 있기 때문입니다. 또, 저는 정규직의 임금 인상을 지지해요. 소득 주도 성장이 지금 중요한 과제라고 보기 때문이죠. 현재 자본은 이윤을 투자하지 않고 사내에 유보하거나 아니면 배당으로 없애 버리거든요. 이것을 노동자들에게 돌리면 노동자들은 소비 성향이 높기 때문에 소비를 해서 일정한 성장을 이끌어 낼 수 있어요. 장기적 성장으로까지 이어질지는 미지수지만 단기적인 정책으로는 효과가 있다고 봅니다. 임금 인상, 기업의 투자 조건 활성화, 금융 규제 등 이런 방향의 논리를 경제학에서는 '포스트케인스주의'라고 합니다. 많은 사람이 동의하는 내용이고, 구체적인 정책들입니다. 또 노동당의 입장과는 다르겠지만, 저는 현재 조건에서 재벌 해체에 반대합니다. 한국 국적의 나름 경쟁력 있는 기업 집단이 현실적으로 필요하다고 봐요. 제가 반대하는 것은 특정 재벌가의 독단입니다.

이광수 말씀을 듣고 보니, 농반진반이지만 남종석이라는 사람은 노동당에 있을 이유가 없는 것 같아요. 제가 잘못 이해한 건가요?

남종석 저는 그렇게 생각하지 않아요. 그 지점이 바로 이광수 씨가 오해하고 있는 것입니다.

이광수 자본주의를 인정하는 건데? 당은 자본주의를 극복하려고 한다면서요.

남종석 그렇게 이야기하실 줄 알았습니다. 조금 전에 말씀드린 것이 구체적인 정책들인데요, 이런 겁니다. 꼭 재벌의 형태일 필요는 없지만 재벌과 같은 기업 집단은 나름 의미 있는 기업 조직입니다. 그런 기업 집단이 해체되면 우리 경제가 붕괴될 수 있어요. 그러면 현재 우리가 가지고 있는 복지나 삶의 조건도 다 파괴될 겁니다. 그것이 노동자 해방에 무슨 도움이 됩니까? 아무 도움도 안 돼요.

이광수 왜 자본주의 극복을 말하는지 조금 더 구체적으로 말씀해 주세요.

남종석 노동자운동이 살아나려면 현대자본주의가 생산력을 유지해야 합니다. 그래야 노동운동이 클 수 있어요. 다른 나라의 자본주의는 그대로 있는 채로 한국 자본주의가 망하면 노동자운동도 같이 망해요. 그럼 사회주의로 가는 게 아니라 아프리카처럼 될 겁니다. 그러니까 사회주의로 가려면 단기적으로 한국 경제가 붕괴되지는 말아야 한다는 것이죠. 사회주의는 장기적인 반체제적 이행이 필요해요. 봉건제가 무너지는 데 수백 년이 걸렸습니다. 그런 장기적인 국면 속에서 사고해야죠.

이광수 지금 당장 하자는 것이 아니라 전술적으로 자본주의 체제를 튼튼하고 건전하게 만들어 가면서 사회주의 체제로 간다는 것이죠? 충분히 합리성이 있는 생각이네요.

남종석 자본주의를 튼튼히 한다기보다는 자본주의 체제가 유지되는 상황에서 노동자운동의 국제연대를 강화시켜야 한다는 겁니다. 중국의 노동자운동, 미국의 노동자운동이 같이 커야 합니다. 우리만 사회주의 되면 우리는 망해요. 자원 끊어 버리면 끝이에요. 그러니까 한국에서 일국사회주의를 건설하는 것은 의미가 없습니다. 제가 볼 때는 그래요. 제가 속해 있는 사회진보연대도 그런 입장이고요. 현재 좌파, 사회주의운동의 과제는 노동자운동의 힘을 강화시키는 것입니다.

이광수 우리가 중국까지 끌어들이기에는 너무 힘이 없지 않습니까?

남종석 그래서 제가 헛소리라고 했어요. 그런 얘기는 대놓고는 안 합니다. 국제연대는 속으로만 생각하는 거죠. 어쨌든 중국 노동운동도 커질 수밖에 없거든요. 노동운동의 힘을 키우면서 국제적 기준을 만들어 내고, 전체 민중들의 삶과 관련된 노동조건을 엄격히 하고 자본을 규제하는 방식으로 가는 것이 지금 단기적인 과제라는 겁니다.

이광수 그러니까 운동을 해야 하는 게 아닌가요? 정당 하지 말고.

남종석 정책도 필요하잖아요.

이창우 그것은 좀 문제가 있는 것 같습니다. 노동당 안에 다양한 스펙트럼이 존재합니다. 예를 들어 남종석 씨처럼 재벌 체제를 즉각 해체하는 것에 반대하는 입장이 있는가 하면, 재벌 체제의 기업 집단을 쪼개야 된다는 입장도 있지 않습니까? 후자는 오히려 정의당의 심상정이 주장하는 바입니다.

이광수 남종석 씨 견해는 지금 나오는 말로만 보면, 정의당에 가까워요. 어떻게 생각합니까?

이창우 정의당은 또 달라요. 노무현 정부 시절에 입각했던 사람부터 진보신당 계열까지 있지 않습니까? 진보신당 계열 안에도 다양한 견해가 있을 것이고, 그렇게 폭이 넓죠.

남종석 오해하면 안 돼요. 이렇게 말하면 저를 정의당 쪽으로 분류하는데, 저는 여전히 마르크스주의자입니다. 사이비처럼 보일 수도 있겠지만요. 마르크스주의자가 무조건 지금 당장 혁명을 하자고 주장하는 것은 아니거든요. 마르크스주의는 현실을 분석하고 그 현실 속에서 운동을 진전시키기기 위해 무엇을 할 것인가를 고민합니다. 그것은 운동이 될 수도 있고, 정당이 될 수도 있습니다. 민주노총이 강화되는 것도 좌파의 힘이 커지는 것이고, 우리들의 정책적 의제를 제도 공간 속에서 실현할 수 있는 의원단이 늘어나는 것도 우리의 힘입니다. 그렇게 양 날개로 가야 합니다.
이광수 씨는 운동을 강조하는 사람은 운동만 하고, 정치를 강조하는 사람은 정치만 해야 한다고 하시는데, 그렇지 않아요. 그래서 저는 사회주의를 목표로 하지만 사민주의자의 목표와도 함께할 수 있다고 생각해요. 구체적인 정책으로 무언가를 실현할 때는 하나의 당 안에서 충분히 같이할 수 있거든요. 그런 의미에서 진보좌파는 되도록 큰 스펙트럼 안에서 연대해야 한다는 것이 제 개인적인 입장입니다.

'노동'과 '집권'의
양립 가능성

이광수 자연스럽게 말이 잘 나왔습니다. 세계의 어느 정당도 단일한 노선 아래 모여 있지 않아요. 한 지붕 아래 세 가족도 살고, 네 가족도 살고, 다섯 가족도 살아요. 정당 안에 다양한 스펙트럼이 존재하잖아요? 그렇다면 현재 노동당과 정의당 정도면 한 지붕 아래 살 수 있지 않을까요? 정의당과 노동당의 왼쪽 끝에서 오른쪽 끝까지 모든 노선을 펼쳐 보면 중첩되어 있어서 어디서부터 어디까지다 딱 자를 수 없어 보입니다. 그런데 왜 잘랐나? 이게 문제입니다. 제가 보기에는 집권에 대한 의지, 권력의지가 있는 경우와 없는 경우로 자른 것 같다는 생각이 듭니다.

남종석 진보신당이 분리될 당시에 분명 그런 측면이 있었어요. 지금 노동당에 남은 사람들 말고 새진보통합연대로 간 사람들은 다 '선수'였거든요. 민주노동당 초기에 당을 만들었던 사람들과 진보신당을 기획했던 그룹이 통합진보당으로 다 빠져나간 겁니다. 노회찬·심상정을 비롯해서 김용신 등 빠져나간 사람들은 정당정치를 실현해야 한다는 입장이었고, 저는 그쪽 입장도 일정 부분 옳다고 생각했어요. 통합파였으니까요. 그렇지만 저는 당의 결정을 따라야 한다고 생각해서 남아 있게 된 것이죠. 어쨌든 노동당에 남은 이른바 통합반대파는 일단 자주파와는 같이 못하겠다는 의지가 강력했습니다. 자주파에 대한 거부감이 강하고, 한편에서는 진보적 자유주의자, 참여계와 같이 못하겠다는 사람들도 있죠.

이광수 조금 황망한 것은, 자주파와 같이 못 하겠다는 사람들 가운데 참여계가 많다는 것입니다.

남종석 그것은 이념적인 이유 때문이기도 하고, 자주파와 함께 하겠다고 떠난 사람들을 배신자라고 하면서 엄청 열 받은 사람들도 많아요. 자기들을 버렸다는 증오감, 그것이 치유되어야 해요. 특히 노동당 중앙에 그런 분이 많은 것 같습니다.

이광수 저는 "자주파가 싫다"고 말하는 사람들의 심정을 100퍼센트 인정하고 공감해요. 저도 그랬으니까요. 저는 진보신당에서는 정당인이라는 사람들이 정치를 안 하니까 빠져나왔고, 자주파가 싫어서 통합진보당에도 안 갔습니다. 자주파가 싫어서 안 가는 건 좋단 말입니다. 그런데 참여계가 싫어서 같이 못 하겠다고 하는 것은 이해하기 힘들어요. 그렇게 말하는 사람들 중에 본인도 참여계인 경우가 있어요. 그리고 그들 중 상당수가 지금 노동당에서 왼쪽을 차지하고 있습니다.

새정치민주연합과 색깔이 거의 비슷한데,
왜 굳이 정의당을 하고 있는 겁니까?
새정치민주연합과 다른 것이 무엇입니까?

남종석 부산의 특수성이 있고요, 서울은 반정치주의 문화가 강한 것 같습니다. 지금 이광수 씨가 계속 강조하듯이, 이념을 실현하기 위해 존재하니까 현실정치의 결과는 그다지 신경 쓰지 않는 문화가 강하게 작용하고 있는 거죠. 거기에 자기들을 버리고 간 엘리트, 지도부에 대한 증오감이 결합되어 있는 것 같아요.

이광수 의지는 좋단 말입니다. 그래서 무엇을 하고 있습니까?

남종석 저는 그것을 비판하다가 완전히 '왕따'가 됐기 때문에 더 이상 당에서 발언할 생각은 없어요. 다만 안타까운 것은, 노동당이 독자적으로 남았다면 그 수준에서라도 정세에 개입해야 할 텐데 그렇지 못하니까……. 우리가 정치를 하려는 것이잖아요? 정책적인 측면과 실천적인 측면에서 정세에 개입해야 하는데, 그런 프로그램을 짤 만한 사람들이 현재 노동당에는 없어요. 과거에는 기획을 하는 그룹이 있었거든요. 이들이 다 새진보통합연대로 가 버려서, 정치적인 기획을 하는 그룹이 없는 것이 노동당의 가장 심각한 문제입니다.

이광수 이번엔 정의당에 묻겠습니다. 새정치민주연합과 색깔이 거의 비슷한데, 왜 굳이 정의당을 하고 있는 겁니까? 새정치민주연합과 다른 것이 무엇입니까?

이창우 유시민이 참여계 식구들에게 이런 이야기를 했습니다. "나도 진보정치를 하고 싶었다. 열린우리당도 들어가 봤고, 통합진보당도 들어가 봤다. 한국에서 사민주의 정치를 하고 싶었는데 안 되더라. 결국은 노동 기반이 핵심이더라. 노동 기반의 진보정당이어야 한다." 저는 정의당이 추구하는 사민주의 정치가 노동 기반과 분리될 수 있는 것이 아니라고 생각합니다.

이광수 정의당에게 노동과 집권, 두 가지가 양립될 수는 없지 않나요?

이창우 왜 양립될 수 없다고 생각하십니까?

이광수 한국적 현실에서는 어렵다고 보는데요.

이창우 새정치민주연합은 미국 민주당의 '뉴딜 모델'을 가져가고 있고, 정의당은 여전히 유럽식 민주주의 체제, 진보정당이 있는 민주주의 체제를 고수하고 있어요.

이광수 유럽은 우리와 정치 자체가 다릅니다. 그렇지 않나요?

이창우 유럽과 다르다는 것이 대통령중심제 등의 제도를 말씀하시는 거잖아요?

이광수 그러니까 정의당은 이른바 '빅 텐트론',▎집권을 목표로 야당과 연합을 하고 그 안에 작은 세력으로 존재하면서 노동 기반 정치를 하는 것이 맞지 않는지 묻는 겁니다. 저도 참여연대의 김기식 씨가 빅 텐트론 이야기할 때 웃긴다고 생각했어요. 그런데 2년 정도 지나고 나니까 정의당이 이렇게 하느니 차라리 집권을 목표로 삼고 야당으로 들어가는 빅 텐트를 만드는 게 낫겠다 싶은 생각도 들었어요. 지금은 또 마음이 달라졌지만……. 어쨌든 집권을 하려면 마음에 들지 않아도 그 안에서 밀고 당기면서 정치를 해야 하지 않나요? 정당 체제 안에서 의회주의적 성격을 살려서 우리가 일정 부분을 차지하고 정책을 하나씩 만들어 가는 겁니다. 집권이 중요하다면서 왜 그렇게 노동에 신경을 씁니까? 저도 정의당 당원이지만, 정의당은 노동에 별로 신경 쓰지 않는 것처럼 보여요. 장식품 정도로 여긴다고 하면 너무 심한 매도일 수 있겠지만, 당원들 중에 누가 그렇게 노동에 모든 걸 다 바칩니까? 노동당 사람들이 사회주의에 매진하지 않는 것과 비슷해 보인다는 겁니다.

그런 맥락에서 다른 질문 하나 드리겠습니다. 이런 상태가 지속된다면 차라리 정의당은 민주노총과 손을 끊어야 한다는 견해는 어떻게 생각하세요?

▎여러 야당이 물리적으로 합당한 후 화학적 결합을 하지 않더라도 진보 진영이라는 거대한 텐트 속에서 단일 후보를 선출한 뒤 총선이나 대선에서 승리한다는 전술. 미국의 민주당과 유사하다.

이창우 그것은 굉장히 단기적인 견해예요. 진보정당이 내부적인 어려움을 겪으면서 분열되고, 정치적 영향력이 떨어지고, 민주노총을 비롯한 대중조직과의 관계가 거의 차단되다시피 한 참사를 이미 겪고 있습니다. 노동과 정당의 관계는 복원해야죠. 이걸 원래 안 되는 일이라고 말할 수는 없습니다. 민주노동당 초기에는 대중조직과 조직적 관계를 맺고 있었어요. 숫자는 많지 않았지만. 이런 대중조직과의 관계가 당이 사민주의 정치 전략을 계속 구사해 나가는 데 필요합니다.

예컨대, 우리가 '동일노동 동일임금' 원칙을 관철시켜서 비정규직과 정규직의 벽을 허물어 버리는 식으로 노동계급 형성에 도움이 되는 법안이나 제도를 만들 수 있지 않습니까? 그러면 운동이 이것을 받아서 조직을 키우고, 그것이 다시 또 정당의 다양한 자원으로 제공되는 관계, 이런 선순환의 관계가 회복될 때 사민주의 정치가 제대로 갈 수 있어요. 스웨덴의 경우 임노동기금·연대임금 같은 제도를 실현할 수 있는 강력한 노동 기반과, 정책을 제도화시킬 수 있는 정치의 영역이 잘 자리 잡고 있지 않습니까? 두 영역이 선순환했기 때문에 안정적인 사회를 만들어 갈 수 있는 것입니다.

이광수 그렇게 선순환되는 안정적 사회가 되면 좋죠. 그런데 우리는 노조가 그만큼 건강하지도 못하고, 이 상황을 개선시켜야 한다는 데에는 동의해도 막상 민주노총이나 노동당·정의당 모두 이 문제에 별로 관심이 없습니다. 제가 제3자 입장에서 볼 때, 노동당 분들은 '노동당'이라는 이름에 너무 행복해 하고 흡족해 합디다. 반면 정의당 사람들은 나름 진보운동을 해 왔는데 자존심이 상하는 겁니다.

이창우 '정의당'이라고 하면 짜증이 납니까?

이광수 예전에 우스갯소리로 이런 말을 했어요. 한국 사람들이 탈 수 있는 자동차의 하한선이 프라이드다. 티코는 못 탄다는 거지요. 마찬가지예요. 그래도 명색이 노동운동, 진보운동 한 사람인데 새정치민주연합 같은 야당에는 갈 수 없다는 겁니다. 정의당도 넓게 볼 때 그러한 '권력 지향형 야당'이라고 보는 것 같아요. 그렇지 않은가요?

임금 인상과 사회주의가
무슨 상관?

남종석 간단하게 말할 수 있습니다. 우리나라 인구의 상당수가 노동자 아닙니까? 그러나 현재 정책은 어떤 방식으로든 노동의 안정을 파괴시키고 있어요. 노동자들의 실질임금을 떨어뜨리고 있습니다. 저임금노동자들이 얼마나 많습니까? 앞에서 우리나라 노동자들의 실질임금 노동소득배분율이 43퍼센트 정도라고 했는데, 미국만 하더라도 60퍼센트가 넘어요. 우리나라 노동자들이 워낙 힘이 없어서 그런 겁니다.
새정치민주연합의 정책은 노동자들의 임금, 고용조건, 상태를 악화시킵니다. 그런 집단과는 함께할 수 없어요. 정의당의 다수

선량한 당원들도 제 생각과 비슷할 겁니다. 만약 정의당이 이것을 포기하고 '빅 텐트론'대로 새정치민주연합과 통합한다면 현실적으로 가능한 몇 가지를 얻을 수는 있겠지요. 하지만 결국 우파적인 의제를 실현하는 도구로 전락하게 되지 않을까요? 저는 정의당이 실질적으로 노동의 조건들을 파괴시키면서 복지 한두 개를 얻느니 차라리 복지 한두 개 안 하고 노동자의 삶의 조건을 개선시키는 것이 더 노동자들에게 이익이라고 판단할 거라고 봅니다. 제가 정의당을 너무 좋게 보는 건가요?

최희철 그 지점에서 의문이 듭니다. 임금을 중요하게 생각한다고 해서 과연 노동자들의 임금 상승이 가능한지, 또 임금이 높아진다고 해서 조금 전에 말씀하신 이상적인 사회가 올 수 있을지.

남종석 아니요. 이상적인 사회가 온다는 것이 아니라, 그것이 가장 기본적인 노동자계급의 이익이라는 것이죠. 환경주의자들이 보통 이런 비판을 합니다. 임금을 높이는 것 자체가 노동자들이 소비주의로 가는 것 아니냐고 말입니다. 사람들이 많이 하는 착각이죠.

최희철 노동자의 임금 인상이 국내만의 문제도 아니고, 그렇게 해결될 수도 없지 않습니까?

남종석 아까 말했듯이 한국의 부가가치라는 것이 있잖아요. 한국의 생산성에서 자본가가 가져가는 몫이 있고, 노동자들이 가

사회주의 하자는 게 아닙니다.
노동자들의 현실적인 목표를 대변하는 것일 뿐이죠.

져가는 몫이 있다는 것이죠.

최희철 그것이 한국 내에서 완성되는 것은 아니지 않습니까? 가령 우리나라 노동자의 임금이 올라가면 제3국 노동자의 임금은 떨어질 수 있고…….

남종석 그것은 당연하죠. 예컨대 한국과 동남아시아가 교류를 하면 동남아시아에서 생산된 잉여를 가져와 우리가 일부 전유하는 것입니다. 자본주의적 교환이 이루어지면 당연히 나타날 수밖에 없는 일입니다. 한 가지 더 말씀드리고 싶은 것은, 우리가 동남아시아에서 생산된 잉여를 가져온다고 해도 교역 과정에서 동남아시아도 물질적으로 이익을 본다는 사실입니다. 이것이 중요한 함의예요. 교역 과정에서 서로 물질적 이익을 보는 것입니다.

최희철 제 말은 노동자의 임금이 중요하긴 하지만, 그것이 최고 목표가 되어서는 안 된다는 겁니다.

남종석 최고 목표가 아니라 현실적인 목표라는 겁니다. 왜냐하면, 노동자들의 삶의 조건을 개선시키는 것이 현실적으로 우리가 해야 할 일 아닙니까? 한국 노동자들 임금이 높다고 비판하는 사람들이 있어요. 노동자들이 소비주의로 빠진다고 말입니다. 한 마디로 웃기는 소리입니다. 10개 생산했는데 노동자가 4개 쓰면 6개는 자본가가 쓰게 되어 있어요. 그러니까 총소비는 똑같아요. 노동자들이 안 쓰면 어차피 자본가가 씁니다. 그런데도 노동자 욕하는 인간들 도저히 이해가 안 돼요. 그것도 좌파인 척하는 집단들이 말입니다.

보수야당은 노동자가 생산해서 더 적게 가져가는 쪽으로 정책을 밀고 나가니까 함께할 수 없다는 거예요. 이게 사회주의 하자는 게 아닙니다. 노동자들의 현실적인 목표를 대변하는 것일 뿐이죠. 임금 높이는 게 사회주의가 아니잖아요. 적어도 민중들의 이해관계를 실현할 수 있는 기본 방향은 잡혀 있어야 한다는 거죠.

제가 사민주의와 함께할 수 있다고 한 것도, 사민주의가 기본적으로 이 방향에 함께한다고 보기 때문이에요. 사민주의자들은 제도정치를 통해 정책적으로 실현하려고 합니다. 당연히 실현해야 하잖아요? 제도적인 측면에서 충분히 실현할 수 있는 일이고, 그러려면 의회로 진출해야 합니다. 다만, 이광수 씨 의견과 다른 지점은 이것입니다. 저는 집권을 해야 정책을 실현할 수 있다고는 생각하지 않아요. 지지율 10퍼센트에서 20퍼센트 정도 유지하면 가능할 걸로 봅니다.

이광수 제 말이 그 말입니다. 집권하면 더할 나위 없이 좋겠지만, 5명이든 10명이든 일단 제도적 공간인 의회에 진출해야 한다. 그게 더 중요하다는 겁니다.

남종석 저도 그래야 한다고 생각해요.

이광수 그런데 그럴 의사가 안 보인다는 것이죠.

남종석 노동당의 딜레마는 이겁니다. 노동당이 의지는 있지만 현실적인 방향 없이 다른 것을 하고 있다고 비판하셨잖아요? 의지는 있고, 이것을 현실적인 방향으로 이끌어 가려면 기획을 해야 하는데 그런 노하우를 갖고 있는 지도부가 없어요. 이게 노동당의 문제입니다.
또 다른 문제는, 2013년 11월에 '노동정치연대'라는 조직이 만 들어졌습니다. 여기 참여한 단위들이 대부분 노동운동을 기반 으로 하고 있어요. 과거에 당이 깨지고 왔다 갔다 하면서 정당 운동으로 철수했던 세력들이 다시 결집하고 있거든요. 개인적 으로 그 그룹과 정의당, 노동당이 합쳐서 제대로 뭔가 했으면 좋겠습니다. 노동정치연대에서 그렇게 하자고 제안하는데, 딱 안 하려고 하는 사람들이 노동당이에요.

이광수 안 해요. 정치를 안 하려고 그러는 것으로 보여요. 노동 당이라는 이름이 주는 만족감이 너무 크고……

남종석 아니요. 의회로 진출하려는 의지가 있어요. 현실적인 방 안이 없어서 그렇지.

이광수 의지가 있으면 그에 맞는 행동을 해야 하는 것 아닙니까? 모든 것을 자기 마음대로 어떻게 합니까? 진출하려면 양보할 건 해야지요. 구의원이든 시의원이든 의회에 진출하려면 사람들 표를 얻어 와야 합니다. 새누리당, 어버이연합, 가스통 할배 가리지 않고 만나서 이야기하고 악수도 하고 밥도 먹어야 할 것 아닙니까? 아니 새누리당이나 어버이연합까지는 아니더라도 가까이에 있는 민주당·정의당 사람들하고도 뭘 좀 해 보려고 해야 할 텐데 도통 움직이지를 않아요.

남종석 노동당에 그런 경향이 있어요. 의회든 뭐든 진출할 의지가 있기는 해요. 그냥 우리 스스로 열심히 하면 된다는 생각으로요.

이광수 그 '열심히'가 무엇입니까? 땅을 파는 일이라면 열심히 땅을 파면 되겠지만, 표를 얻어 와야 하잖아요. 새마을운동본부, 바르게살기운동본부 이런 사람들 부지런히 만나야 하는 거 아닌가요? '차카게 살자' 팔뚝에 문신한 사람들도 만날 수 있어야죠.

남종석 객관적인 역량상 어려워요.

현실정치의 상상력, 미시정치의 가능성

이광수 아쉬운 점이 많지만 노동중심 정치에 대한 논의는 이 정도로 마무리 짓고, 정치 패러다임 전환에 대해 좀 자유롭고 진솔하게 이야기를 나눠 봅시다. 성·생태· 여성 등 여러 주제가 있지 않습니까? 저는 사실 이런 주제는 정치 분야와 좀 다른 것 아닌가, 정치로서 할 이야기는 아닌 것 같다고 생각합니다만.

최희철 발터 벤야민의 책에 이런 내용이 나와요. 사진이 처음 나왔을 때, 사진이 예술이 될 수 있는지를 놓고 논쟁이 벌어졌다고 합니다. 사진은 사람 손으로 그리는 것도 아니고, 누구나 눈에 대고 쉽게 찍을 수 있고, 복제도 가능하니까요. 그는 이렇게 말했습니다. 사진이 예술인지 묻기 전에, 사진이 그 이전의 예술을 어떻게 변형시키는지를 물어야 한다고. 녹색적 가치를 추구하는 방식도 마찬가지라고 봅니다. 그것이 정치인지 묻기 전에, 앞으로 녹색적 가치가 이전의 정치를 어떻게 변형시킬지를 물어야 한다는 것이죠. 지금까지의 정치는 근대적 패러다임에서 벗어나기 어려웠던 것 같고, 그런 정치로 공동체 혹은 공동체들 간의 근본적 문제들을 해결하기는 난망해 보입니다. 결국 큰 틀에서 패러다임이 바뀌지 않으면 안 될 것 같아요.

이광수 그러니까 정치와 연계시킬 수 있는 다양한 영역, 정치의 소재가 될 수 있는 거리로 무엇이 있을까요?

최희철 '무의식'이나 '성性' 같은 것도 정치와 깊은 관련이 있지 않을까요?

이광수 어떻게? 구체적으로?

최희철 가령 '성'은 미시적 관점에서 끊임없이 우리 삶을 억압하고 규정하고 있어요. 특히 '권력의 장치'로서 신체 혹은 생명을 관통하면서 작동하고 있습니다. 그러므로 성에 대해서도 좀 더 깊고 확장된 대화를 나누어 보았으면 좋겠어요. 보통 정치라고 하면 늘 거시적 관점, 즉 경제·노동·인권 같은 문제만 다루다 보니까 미시적 관점은 배제되는 것 같아요. 미시적 부분들이 '거대 정치'를 구성하는 톱니바퀴로 작동할 수도 있는데 말이에요. 가령 '남성중심적 가부장제도'가 지금 우리 노동의 성격을 일정 부분 규정하고 또 문제를 일으키고 있잖아요. 그런 것들이 성격상 너무 미시적이거나 혹은 모호해서(?) 딱 집어내 드러낼 수 없기는 하지만, 자본주의 체제에 살고 있는 존재라면 어느 누구도 이런 미시적 문제들로부터 자유롭지 못한 것 같습니다.

남종석 욕망의 억압, 녹색적 가치 등의 미시적 쟁점들도 정치 의제로 나와야죠. '문화연대'나 《문화과학》에서 이 문제를 많이 다루고 있습니다. 신체를 정치의 장소이자 권력의 대상으로 파악하고 욕망의 문제를 적극적으로 사고하려는 노력인데, 중요한 것은 이런 논의를 정치적 기획으로 만들어 내는 것입니다. 정치에는 다양한 차원이 있어요. 여기 모인 네 사람 사이의 관계도 일종의 정치가 될 수 있고, 여기에 거시적인 수준의 정치도 있

페미니즘도 이념적인 순수 근본주의에서
정책적 의제로 구체화되어 나타나야 하고
현실적으로 타협도 해야 합니다.

습니다. 미시적 쟁점들도 하나의 집합적인 힘으로 만들어질 때
사회적인 의제가 될 수 있어요.

개별 영역에서 나타나는 몸의 문제, 욕망의 문제 등을 미시적
으로 정치화시키는 것은 필연적으로 아나키즘으로 발전합니다.
쉽게 말해서, 개별적으로 자신이 존재하는 공간에서 미시적인
실천을 바꾸어 나가려는 노력이죠. 주로 페미니스트들이나 소
위 탈근대적 정치를 주장하는 분들이 욕망의 자율성에 대해 많
이 언급하는데, 그들이 정치적 성과를 내지 못하는 이유는 아
나키즘이 갖는 고유한 한계라고 생각해요. '수유너머'를 비롯해
서 많지 않습니까? 그 사람들 자기들끼리 자위하는 것 말고 뭘
하는지 모르겠어요. 물론 보이지 않는 곳에서 변화가 이루어지
겠죠. 우리가 중심적이라고 여겨 왔던 도덕적 쟁점이나 경제적
문제를 넘어선 곳에서 새로운 영역이 만들어지고 있을 겁니다.
다 좋아요. 좋은데, 이렇게 아나키즘적인 실천이 자기들끼리 노
는 수준에 그치면 아무것도 이루지 못합니다. 정세도 읽지 못하
고 지배집단과 싸우지도 못해요. 이러한 미시적 쟁점들을 어떻
게 하면 한국 사회에 개입할 수 있는 집합적 의제로 만들 수 있
을지 고민하는 것이 우리의 과제입니다. 그렇지 않고 개별적인
수준에서 미시적인 것들만 가지고 계속 문제의식을 발전시키는

것은 시간 낭비라고 봅니다. 개인적으로는 의미가 있겠지만 말입니다.

이광수 저는 결코 정치가 운동보다 상위에 놓인 행위가 될 수 없다고 생각해요. 운동에 더 의미를 두어야 하고, 정치는 사회를 변화시키는 최소한의 도구일 뿐, 본질적으로 사회를 변화시키지는 못한다고 봅니다. 그러니까 지금 논의하는 미시적 관점의 문제들은 운동 차원에서 중요한 주제이지, 현실에서 구체적으로 밀고 당기면서 갈등을 조정하고 중재하는 정치의 주제는 아닌 것 같아요. 최근 이질적이고 복합적인 정체성을 갖는 정당들, 녹색당을 비롯해서 '해적당', '데모당' 같은 정당들이 등장해서 활동 영역을 넓히고 있지 않습니까? 이런 정당들이 보여 주는 새로운 차원의 운동이 기존 정당의 활동과 적절하게 어우러지면 사회를 변화시키는 데 큰 힘이 될 수 있겠죠. 이것은 분명 높이 평가 받을 일입니다. 하지만 그럼에도 불구하고 좀 더 속되고 물질적인 차원의 정치는 될 수 없다는 것이죠.

최희철 네. 동의합니다.

남종석 두 가지가 대립되는 것은 아니에요. 미시적인 사회적 실천들을 꾸준히 이어 가면서 집합적인 수준에서 힘을 만들어야 해요. 정치는 사회에 개입하는 것 아닙니까? 세력 관계를 바꿔야 하고, 그게 아니라면 적어도 정책 목표를 실행해야 합니다. 개별적·미시적으로 흩어져 있는 상태에서 운동을 하는 것보다는, 함께 모여 공동의 의지를 만들어서 그것을 바탕으로 주류와 대결하고 정책적 기획을 만들어 내야 의미 있는 결과를 만들 수 있어요. 그 두 가지가 함께 가야 하고, 그러려면 매개점을 만들어 내는 것이 중요합니다. 녹색 의제를 제기하면서 노동문제나 복지문제 등을 결합시키듯, 성의 문제나 성적 억압의 문제, 여성의 억압 문제도 집합적인 의제를 제기하면서 다수의 입장을 결합시켜야 합니다. 사회적으로 영향력 있는 개입을 만들어 낼 수 있는 방식으로 의제화시키는 것이 정치 아닐까요? 그러니까 '이것은 고전적인 것이고, 이것은 탈현대적이다' 이런 식으로 구분할 필요는 없어요. 접합점을 만든다는 것은, 정당 형태의 활동이나 특정한 계급적 정치와 미시정치를 분리시키는 것이 아니라, 양 차원의 정치가 어떤 지점에서 수렴되어야 한다는 뜻입니다.

최희철 그러려면 진보정당들이 한참 더 열려 있어야 한다고 생각합니다.

이광수 미시적 주제를 정치적 의제로서 정책으로 삼기는 어렵지 않을까요? 운동 차원에서 다뤄야 할 것 같은데요.

최희철 정치적 의제로 만드는 것이 어려운 일은 아닌 것 같습니다.

이광수 예를 들어, 역사학에서 마르크스주의는 계급환원론입니다. 모든 것을 계급으로 해결하니까요. 민족주의는 모든 문제를 민족으로만 풉니다. 민족환원론이지요. 역사학자로서 저는 그런 역사는 실재하지 않는다고 봅니다. 역사 안에 담겨 있는 수 많은 이질적 요소들이 어떻게 계급과 민족으로만 치환될 수 있겠습니까? 말이 안 돼요. 저 같은 학자는 학문으로서 혹은 운동적 차원에서 다양한 주제와 이야기를 꺼내 토론할 수 있을 겁니다. 하지만 그런 것으로 현실정치를 할 수는 없어요. 현실정치란 없는 것을 있는 것처럼 만들어서 사회를 변화시키는 것입니다. 가장 저질적인 방법이지요.

최희철 현실적으로 맞는 말씀일 수 있지만, 미시적 영역의 새로운 문제의식 자체를 인정하지 않으려는 것 같다는 생각이 듭니다. 정치가 최소한 손에 잡히는 구체적인 조건을 기반으로 해야한다는 말씀인데, 녹색적 가치를 추구하는 사람들은 그 구체성밑에 존재하는, 오히려 구체성으로 드러나기 이전을 보려고 합니다. 기성 정치에서 그것을 인정하지 않으려고 하는 것은, 자기도 모르는 사이에 미시적 차원에서 억압에 동참하기 때문 아닐까요? 그러면서 억압적 구조를 어쩔 수 없는 것이라고 여기거나, 혹은 그걸 깨면 세상의 구조가 모두 깨진다고 여기는 것은 아닐까요? 녹색적 가치를 구현하는 정치는, 그런 구조 자체에서 탈주하려는 움직임입니다. 이런 노력이 현실정치에서 얼마나 인정받고 또 꾸준히 이어질지 의구심을 품을 수는 있겠지요. 상상력이 필요한 작업입니다. 현실정치에서 그런 상상력 자체를 정치로 인정하지 않으려고 할 수도 있겠지만, 정치가 좀더 폭을 넓히고 미세해지지 않는다면 우리 삶은 나아지기 어려울 겁니다. 정치 이외의 문제라고 해서는 안 될 것 같아요.

이광수 동의해요. 그러나 그런 정치는 대단히 높은 학문적 수준입니다.

이창우 예를 들어, '성 노동'의 경우 과거에는 보편적인 사회적 인식에 따라 '매춘'으로 규정하지 않았습니까? 비도덕적 행위이자 단속의 대상일 뿐이었죠. 하지만 지금은 '성 노동'을 부정하지 말고 그 자체로 인정하면서 적극적으로 끌어안아야 한다는 주장도 나오고 있습니다. 이런 문제를 정치의 장으로 들여오는 것이 필요합니다. 물론 그전에도 정치의 장에서 논의되긴 했지만, 성의 문제를 배제하고 숨기는 가부장적 시각이 강하게 작용했죠. 이런 것이 성을 억압하는 정치적 과정이었다는 것입니다.

남종석 제 의견은 이렇습니다. 이른바 '페미니즘'이 있고, '녹색주의'가 있죠. 저는 스스로 제 이데올로기를 '사회운동적 마르크스주의'라고 정의합니다. 어떤 사람은 '녹색사회주의자'라고 스스로를 규정하고, '사민주의자'도 있을 겁니다. 이런 여러 이념들의 차이를 놓고 논의해서는 합의든 정책이든 절대로 구성되지 않습니다. 녹색 가치를 근본으로 생각하는 분들이 있고 페미니즘적 가치를 근본으로 생각하는 사람도 있을 텐데, 우리가 한국 사회에 구체적으로 개입하려면 이런 운동들을 결합시켜야 해요. 보편적인 의제로 만들어서 정의당도 받을 수 있고, 노동당도 받을 수 있도록 해야죠. 그러려면 페미니즘도 이념적인 순수 근본주의에서 정책적 의제로 구체화되어 나타나야 하고 현실적으로 타협도 해야 합니다. 그래야 편차를 수용하고 연대도 할 수 있고, 현실적인 힘으로서 세계를 변화시킬 수 있습니다. 페미니즘이든 녹색주의든 다 좋습니다. 그런 것들의 차이점을 논의하지 말고, 그것을 각자 중심축으로 삼되 현실에서 어떻게 전체적으로 전선을 재구성할 것인지, 자신들의 이념을 어떤 보편적 의제로 내세워 연대의 전선을 구축할 수 있는지, 이런 방식으로 정책적 의제가 만들어져야만 연대와 합의와 개입을 만들어 낼 수 있다는 것입니다. 그렇지 않고 이 사람들은 페미니스트니까 안 되고, 또 이 사람들은 노동자·계급환원주의라서 안 되고, 이렇게 해서는 결코 원하는 결론을 도출할 수 없어요.

이광수 그러니까 예를 들어 '안녕들 하십니까?' 대자보가 나왔을 때, '나는 88만 원 세대이면서 성소수자입니다'라는 제목의 대자보가 하나 붙지 않았습니까? 대단히 중요한 사회적·문화적 현상이죠. 그것을 진보정당에서 어떻게 정치 의제로 만들어 낼 것인가? '동성 결혼을 허용하자' '성 노동자의 인권을 보호하자'는 식으로 가능한 범주 안에서 녹색당이 부지런히 정책을 개발해서 의제화시켜야죠. 그런데 그 이상의 논의, 예컨대 성소수자 존재 자체에 대한 심도 깊은 논의나 가족을 해체해야 한다는 주장은 학문적 차원이나 운동적 차원에서 할 이야기지 정치적 차원에서 해결할 수 있는 문제는 아니라는 겁니다. '가족 해체가 필요하다'라는 주제는 지금 이 자리의 논의에서는 벗어난 것입니다. 그런 논의는 다른 자리에서 이루어져야 하지 않겠습니까? 사실 녹색당은 굉장히 많은 화두를 꺼내야 합니다.

녹색당이
나서라

최희철 이 자리에 있는 분들은 성소수자에 대해 편견을 갖고 있지 않겠죠. 하지만 현실에서는 성소수자 문제를 공개적으로 드러내고 말하기도 어려울 뿐 아니라 그럴 기회 자체가 별로 없어요. 주변에서 성소수자들을 보기도 힘듭니다. 어느 사회든 성소수자가 7~10퍼센트 정도 있다고 하는데, 눈에 보이지 않는다는 것은 사회적 억압이 엄청나서 도저히 드러낼 수 없기 때문일 겁니다. 그래서 저는 오히려 그런 문제들을 적극적으로 캐낼 필요가 있다는 것입니다. 당사자들에게 너희들 문제니까 의제를 만들어서 갖고 오라고 하는 것은 너무 편의적 발상 아닌가요? 당사자들은 실천적 활동으로 의제를 만들어 내고, 진보정당은 그런 문제를 적극적으로 찾아서 의제로 만들어야죠.

남종석 저는 그렇게 생각하지 않아요. 모든 사안을 다 찾아다니는 것, 혹은 가시화되지 않는 문제에 집중하다가는 막상 현실에서 아무것도 개입하지 못하게 됩니다.

이광수 당장 구체적이고, 분명하고, 실질적인 정치 문제들이 있지 않습니까?

최희철 그렇다면 사회적으로 억압되어 있는 영역을 밖으로 끌어올리려면 어떻게 해야 할까요? 어떤 방법이 있을까요? 녹색당도 정책 수준 면에서 다른 진보정당과 별반 차이가 없어요. 다만, 좀 더 유연하고 미세한 부분을 실질적으로 다루는 정도입니다.

이광수 그래서 앞에서도 이야기했지만, 운동적 차원에서 계속 정치권을 압박하고 세를 모으고 문제 제기를 해야 합니다. 정책으로 만들어 내는 것은 정당의 몫이겠죠. 이런 이원적인 체계로 가야 합니다. 구체적인 정책을 만드는 정당이 모든 문제를 쫓아다니면서 찾아내다가는 자기가 해야 하는 우선적인 가치를 포기할 수밖에 없습니다.

남종석 동성애자 감독인 김조광수 씨가 결혼식을 하고 혼인신고를 하러 갔다가 거부당하는 일련의 과정이 있지 않았습니까? 당사자가 직접 문제 제기를 한 것이죠. 그것을 정책적인 쟁점으로 만들어 내는 작업은 정당을 매개로 이루어집니다. 대립적인 관계가 아닌데도 그 사안에 정당의 모든 역량을 투입하지 않았다고 이성애적 사고에 사로잡힌 인간들이라고 몰아붙여서는 되는 게 없다는 거예요.

최희철 진보정당에서 좀 더 적극적으로 다루는 것이 정치에 접근하는 새로운 방법론이 될 수 있지 않을까요?

이광수 녹색당이 그런 문제를 중요하게 여긴다면, 정치적 역량을 더 키워야 해요. 그 역량으로 사회운동을 추동하고 진보정당을 비판하고 압박해서 구체적인 정책으로 입안하도록 만들어야죠. 진보정당들이 우선시하는 것은 다른 곳에 있는데, 그들에게

많은 진보정당에서 계급이나 민족의 이름으로
대중을 몰고 다녔다는 생각이 들어요.
정치가 실질적 삶의 미세한 부분으로
샘물처럼 스며들어 갔으면 좋겠어요.

성소수자 문제에 왜 나서지 않느냐고 비판만 하는 것은 정치를
포기하라는 말과 같습니다.

남종석 그래서 전체적인 방향을 잡는 것이 필요합니다. 정치에
개입하는 방식에서 마키아벨리즘을 적극적으로 사고할 필요가
있어요. 마키아벨리즘의 핵심은, 구체적인 정세를 분석하고 구
체적인 대응을 하는 것이라고 봅니다. 정치가 윤리나 도덕의 차
원이 아니라는 것이죠. 정세에 맞는 전략을 짜고 이를 토대로
자신의 의지를 정치적으로 관철시키는 냉철함이 필요해요. 이
것이 《군주론》의 가르침이라고 생각합니다. 우리가 처한 구체
적인 현실은 매우 복잡해요. 예컨대 녹색과 관련된 세력 관계,
노동과 자본의 세력 관계 등 여러 방식의 세력 관계가 어떻게
얽혀 있는지 해당 정세를 정확하게 분석하는 것이 가장 중요합
니다. 정치적 목표를 분명히 잡고 이를 실현시키려면 무엇을 동
원할 것인지, 그것을 매개로 어떻게 세력을 재편하고 연대의 전
선을 꾸릴지를 고민해야 합니다. 그러니까 녹색당에서 우선 현
재 정세를 분석하고 목표 지점을 만들어야 한다는 것이고, 이
목표 지점에 어떻게 다른 사람들을 결합시켜서 힘을 만들어 낼
것인지, 이런 방식으로 정치를 사고해야지 가치나 이념을 매개

로 해서 차이를 확인하고 토론을 하려 해서는 절대로 될 수가 없어요.

최희철 저는 그 의견에 동의할 수 없어요. 그런 시도는 지금까지 계속 해 왔습니다.

이광수 현실에서 노동당, 정의당이 적극적으로 관심을 표명하면서 이웃 진보정당들에게 의제 개발이나 정책 입안을 함께하자고 제안할 때 어떻게 합니까? 노동당이나 정의당이나 통합진보당이 함께하려면 녹색당에게 뭔가 얻는 것이 있어야 하지 않겠어요? 녹색당이 정의당에게 뭔가를 같이하자고 하면 "그럼 너희들은 우리한테 뭘 줄래?"라는 말이 먼저 나오기 마련입니다. 거기에 대고 당신은 가치관이 틀렸고, 세계관이 틀렸고, 이상주의자고, 이분법주의자라고 공격을 할 수도 있겠죠. 그러면 그 사람들에게 "그래, 나는 현실주의자야. 그래서 뭘 해 줄 거야?"라는 현실적인 답변밖에 들을 수 없다는 겁니다.

최희철 그런 방식이 잘못되었다는 것이 아닙니다. 물론 현실에서 녹색당도 일정 부분 한계를 느끼면서 그런 방식으로 움직여 왔다는 걸 인정해요. 하지만 적어도 토론을 하면서 마지막에는 기존의 정치 방식을 종합적으로 평가해야죠. 만약 그처럼 철저하게 힘의 논리만 관철되는 방식이라면, 우리가 통합진보당이나 새누리당을 비판할 수 있을까요? 힘의 논리를 앞세우는 것을 어쩔 수 없는 일이라고 한다면, 그들이 힘의 논리대로 움직이는 것을 어떻게 비판할 수 있을까요?

이광수 이 자리의 토론 주제는 '정치를 어떻게 할 것인가'입니다. 우리가 그들을 어떻게 이기고 극복할 것인지를 논의하는 자리에요. 통합진보당 세력을 최소화시키고, 진보 진영의 가치를 최대화시킬 수 있는 방식이 무엇인지, 본인들의 이익만 추구하고 인민들의 이익을 제대로 돌보지 않는 새누리당을 어떻게 타격할 것이지, 그래서 우리가 추구하는 가치를 어떻게 현실적으로 만들어 낼 것인지를 논의하는 것입니다. 불가능한 일이 아니에요.

남종석 새누리당과의 차이점은 정치적 목표의 차이, 방향의 차이, 세력을 동원하는 방식의 차이입니다. 어쨌든 새누리당은 우리 사회에서 자기 방식대로 굉장히 잘하고 있어요. 우리가 그에 대응하려면 정세를 분석하고 목표를 만들어야죠. 그 방식은 당연히 입장들마다 다르겠지만, 어쨌든 목표를 실현시키는 수단을 찾아야 합니다. 그러니까 우리와 새누리당은 목표가 다르고, 목표가 다르니까 동원하는 방식도 다를 것이고, 전선을 만들어 내는 방식도 다를 겁니다. 문제는 그 과정에서 윤리나 도덕주의를 제거해야 한다는 것입니다.

최희철 그러다가 새누리당과 목표까지 같아져 버릴 위험성은 없을까요? 그저 방법론적으로 최선 혹은 효율성을 찾으려는 것처럼 보입니다.

남종석 첫 번째는 진보 진영이 목표의 공통성을 만들어 내야죠. 그래야 합의를 할 것 아닙니까? 녹색과 우리는 이런 차이가 있지만 적어도 우리는 이 부분에 동의하고 당신들은 저 부분에 동의한다면, 이것을 목표로 잡자고 할 수 있을 것입니다. 그리고 두 번째, 그 목표를 달성하려면 최소한의 세력을 형성해야 합니다. 그리고 현재의 세력 관계 속에서 반대자에게 타격을 가함으로써 우리 목표를 실현시킬 수 있는 수단들을 사고해야죠.

최희철 쉽게 말해서, 적을 무찌르기 위해 우리의 힘을 최대한 조직하자는 말씀이신데, 그것은 낡은 방식 아닌가요? 힘을 조직하는 방식 말고, 뭐랄까 힘이 분출되는 방식이라고 할까요? 비슷한 말 같지만 의미가 다른 것 같습니다.

이광수 그러니까 그것은 학문적 내지는 운동적 차원이라는 말씀입니다.

남종석 운동적 차원에서도 힘을 조직해야 합니다.

이광수 물론입니다. 그런데 그것은 정치적 차원이 아니라 도덕을 바탕으로 한 것입니다. 가치에 기반을 두어야 한다는 이야기입니다.

남종석 힘을 조직하지 않고 어떻게 세상을 바꿀 수 있겠습니까?

이광수 두말하면 잔소리지요. 그런데 제가 강조하는 것은 정치는 철저하게 세력 간의 힘 대결이라는 겁니다. 힘을 키워 주고 받는 것이 정치 아닌가요? 그것이 현실이고.

최희철 그것이 여태까지 해 온 방식이죠. 저는 그런 방식이 문제를 해결하기보다는 오히려 문제를 더 어렵게, 혹은 대중이 더 접근하기 어렵게 만들었다고 생각해요. 다른 말로 하면, 그런 방식은 '대중'을 대상화시키는 방법이 될 수도 있지 않을까요? 실제로 통합진보당을 비롯한 많은 진보정당에서 당원 혹은 대중을 그렇게 대상화시켜 왔으니까요. 다양한 삶의 모습을 활성화시키려 하지 않고 계급이나 민족의 이름으로 대중을 몰고 다녔다는 생각이 들어요. 저는 정치가 다양한 방식의 흐름으로 우리의 실질적 삶의 미세한 부분으로 샘물처럼 스며들어 갔으면 좋겠어요. 그래서 스스로 변화되지 않고는 못 배기게 한다면 좋을 것 같아요. 그중 하나가 생태적 가치를 주장하는 것이고, 또 보이지 않은 다양한 문제들을 의제로 만드는 것이라고 생각합니다. 저는 정치가 더 복잡하고 모호해졌으면 좋겠어요. 결국 '정치'를 어떻게 규정할 것인지의 문제가 될 수도 있겠지만요.

진보 '운동'이 아닌 '정치'를 하라

'진짜 바보'
안철수의 몰락

이광수 이제 구체적인 과제를 논의해 봅시다. 소수인 진보정당이 어떻게 정치를 해야 하는지. '의원내각제'라면 좀 더 아름다운 정치가 가능할 텐데 '대통령제'이다 보니까 어려움이 많아요. 소수의 진보정당이 살 수 있는 길은 무엇일까요?

진보정당 세력이 힘을 합쳐 10퍼센트를 가지고 40퍼센트쯤 되는 세력과 연합할 수 있다면, "당신 집권을 도와줄 테니 그때 우리에게 뭔가를 주라" 할 수 있지 않습니까? 이런 것이 소수정당의 목표가 될 수 있어야 하는데 말입니다. 그런 측면에서 저는 그동안 이창우 씨에게 민주당에 들어갈 것을 적극적으로 고려해 보라고 권했어요. 민주당에 들어가서 진보적 의제를 하나씩 만들어 내는 게 의미가 있다는 뜻이었습니다. 그랬는데 최근에 생각이 좀 바뀌었어요.

민주당, 지금의 새정치민주연합은 두 가지 점에서 위험합니다. 첫째, 토호 세력이 너무 강해요. 흔들 수가 없어요. 그리고 새정치민주연합 자체가 권력의지가 별로 없어요. 리더십이 약합니다. 민주당과 합치기 전에는 안철수 쪽이 좀 더 여지가 있을 거라고 기대했어요. 민주당보다 더 보수적이고 1인 중심 정당이라는 게 걸렸지만, 내부 콘텐츠가 비어 있으니까 들어가서 일을 잘하면 콘텐츠를 만들어 내고 우리가 움직일 수 있는 여지가 더 클 거라고 봤지요.

정의당은 70퍼센트 이상이 개혁당 출신 혹은 노무현 계열과 인천연합입니다. 진보신당 계열은 너무 소수예요. 대부분이 노동당과 함께 갈 생각을 안 할뿐더러 새정치민주연합의 구태의연하고 썩어 빠진 행태도 싫어서 차라리 안철수하고 협력하면 어떨까 생각했던 겁니다. 그런데 그것도 이제 옛날이야깁니다. 안철수가 정치 신인으로서 보여 줬던 참신함은 흔적도 없이 사라졌어요. 오히려 자기 세만 불리는 데 열중해서 구 민주계보다 정치를 더 망가뜨리고 있습니다. 혹시라도 안철수 쪽이 정의당에게 함께하자고 했다면, 그래서 그걸 받아들였다면 어떻게 됐을지, 생각만 해도 끔찍합니다.

남종석 안철수는 절대 안 됩니다. 안철수를 바꾸면 된다고 많이들 이야기했지만, 사실 안철수는 내용도 없고 '새 정치'라는 헛구호를 가지고 나와서 지지율만 유지한 사람입니다. 안철수를 구성하는 핵심 집단들의 의제는 구 민주당보다 더 보수적이에요. 안철수는 현실주의자도 아니고, 정치가 뭔지 쟁점이 뭔지도 잘 모르는 사람입니다. 쟁점 파악 능력이 거의 없는 바보예요. 굉장히 불확실성이 지배하는 인간이죠. 거품으로 큰 사람입니다. 안철수는 자기가 반동적이라는 사실조차 모른다는 점에서 새누리당보다 더 반동적이에요. 폼만 잡고 있으면서 정책은 반대 방향으로 갈 인간입니다. 차라리 문재인이 훨씬 이성적입니다. 안철수는 불확실성 측면에서 박근혜랑 비슷한 지도자가 될

정의당 창당 당시의 당원 분포를 보면 인천연합 40퍼센트, 국민참여당 35퍼센트, 진보신당 10퍼센트, 기타 15퍼센트 정도로 구성되었다.

안철수는 현실주의자도 아니고,
정치가 뭔지 쟁점이 뭔지도 잘 모르는 사람입니다.
새누리당보다 더 반동적이에요.

수 있어요. 밑에서 보고하는 대로 휘둘리는 허수아비 말입니다.

최희철 오히려 그런 면이 대중에게 강하게 어필한 것 같아요. 제 주변에 선거 때마다 새누리당 찍고 정말 보수적인 사람이 있는데, 안철수가 대통령 선거 출마하면 안철수를 찍겠다고 해요. 왜 그런지 물어보니까, 안철수는 이것도 저것도 다 해 줄 수 있는 사람 같대요. 가진 자에게도 피해를 주지 않고 가지지 못한 자에게도 피해를 주지 않을 것 같다는 겁니다. 뭔지 모를 모호한 이미지가 지지를 이끌어 내고 선거에서 표로 연결되기도 하는 것 같아요. 그런데 안철수가 계속 유의미한 정치 세력으로 남을 수 있을까요?

이광수 총선에서 결과를 내지 못하면 사라질 겁니다. 아니, 이미 6·4 지방선거를 거치면서 거의 사라졌다고 봅니다. 다만, 새정치민주연합이 대선 후보의 득표력을 높이기 위해 완전히 죽이지는 않고 보호하겠죠. 얼마 동안은.

남종석 안철수의 유일한 힘은 대통령이 될 가능성이 조금이나마 있었다는 것입니다. 그러나 새정치민주연합으로 통합한 이후 안철수가 보여 준 행보는 정치 초짜로서도 최악이에요. 야당이 뭘 해야 하는지조차 아예 몰라요. 안철수에게 품었던 기대, 간단히 말해 거품은 상당 부분 가라앉았죠. 새정치민주연합 사람들 바보 아니에요. 안철수가 별 쓸모없는 정치상품이라면 냉정하게 버릴 겁니다. 그리 멀지 않은 일이라고 봅니다. 안철수는 곧 주변화될 겁니다.

최희철 안철수가 확실하게 부상한 게 2011년 박원순 서울시장 보궐선거 할 때죠?

이광수 그렇습니다. 포기하고 양보하는 미덕 하나로 대선주자급으로 급부상하는 정치판에서나 있을 수 있는 코미디가 일어난 겁니다.

최희철 안철수는 우리가 보는 것과, 안철수를 지지하는 사람들이 보는 것이 완전히 다른 사람일 수 있어요. 안철수 지지하는 사람들 중에 새누리당 지지했던 사람도 많았거든요. 이명박 정부가 해도 해도 너무한데 그렇다고 민주당을 지지할 수도 없으니까 안철수를 지지한 거죠. 안철수 아니면 다시 새누리당으로 돌아가겠다는 사람들이요.

이광수 2004년 민주노동당이 국회의원 10석 얻었을 때, 경상도에서 엄청나게 많은 표가 나왔어요. 한나라당은 못 찍겠는데 지역감정이 남아 있으니까 민주당은 괜히 싫다. 그래서 정당투표로 민주노동당을 찍어 준 사람이 많았어요.

최희철 노무현 대통령 탄핵되고 난 뒤였죠. 탄핵 이후 총선 전까지 비록 잠깐이지만 그때 부산 분위기가 어땠냐면, 국회의원 선거운동 시작하고 첫 여론조사에서 한나라당 당선 가능 지역이 한 군데도 없었어요. 부산에서 한나라당 전부 다 떨어진다고 나온 겁니다. 그래서 한나라당이 부산역 광장에서 거적 깔고 석고대죄했어요. 처음에는 한나라당 후보들이 명함조차 돌리기 어려울 지경이라고 했습니다. 부산에서 말입니다! 시민들이 한나라당 명함 보면 바로 집어던져 버렸다고 하니까요. 한나라당이 너무 심하게 정치를 개판으로 만들어 버렸다고 생각한 겁니다.

진보정당 국회의원
10명의 힘

이광수 노무현을 욕하면서도 남북 분단 상황에서 헌정 중단까지는 못 간다는 뜻이지요. 지금도 박근혜가 부정선거를 했다는 걸 알면서도 대통령 사퇴 요구에는 반대해요. 그런 사람들이 옛날에 민주노동당을 지지했고, 안철수 쪽으로 간 겁니다. 이것이 우리 국민입니다.

이 대목에서 저는 인도의 경우를 참고해 볼 만하다고 생각합니다. 인도에서 비록 무늬만 공산당이라 할지라도 어쨌든 공산당이 집권했거든요. 웨스트벵갈과 께랄라 두 주에서는 그 불가능하다는 지주제를 거의 철폐했어요. 웨스트벵갈은 결국 실패했지만, 께랄라는 매우 성공한 주가 됐단 말입니다. 두 지역 모두 보수정당과 정치적으로 엄청나게 주고받으면서 거래를 했습니다. 그런 식으로 정의당이든 노동당이든 간판 아래에만 있지 말고, 정치를 하려면 보수정당에 들어가서 정치를 할 수도 있지 않을까요? 세를 키워서 숙주를 잡아먹는 거죠. 자주파가 그런 식으로 민주노동당을 먹었어요. 얼마나 대단한 전략입니까? 하나씩 들어왔잖아요. 조금씩 들어왔는데, 어느새 보니까 그 사람들이 더 많은 겁니다. 그래서 싹 먹어 버렸잖아요. 그렇게 하나씩 들어가는 방식, 운동은 진보 진영에서 계속 하고 정치는 정당에 들어가서 작은 것 하나라도 이뤄 내자, 내 새끼들 젖먹이기 위해 몸을 팔자, 그런 방식은 어떤가요?

제가 평소에 이런 말을 합니다. 정치, 정당을 하려면 두 가지를 염두에 두어야 한다. 하나는 죽일 사람은 처절하게 죽여야 한다. 과거의 동지 따위 필요 없다. 처절하게 죽여야 내가 산다. 두 번째, 복종할 때는 완전히 복종하자. 엎드려 기라고 하면 가랑이 사이로 기어 들어가야 그 사람들 눈에 띄지 않고 나중에 뒤집을 수 있는 거 아니냐. 정당을 하려면 그런 자세도 필요하지 않겠습니까?

최희철   진보정당의 정치가 가야 할 길이 그런 것일까요?

이광수   진보정치의 깃발은 운동에게 넘겨주고, 정당에서 뭔가 해야 할 일이 있으면 일부라도 야당에 들어가서 할 수 있다는 걸 고려해 봐야 한다는 겁니다.

남종석   저는 완전히 반대합니다.

> 300명 국회의원 중에서 5퍼센트,
> 10퍼센트를 안정적으로 만들어 낼 수 있는 틀을 만들고,
> 그 안에서 당의 활동가를 안정적으로
> 재생산해 내는 것입니다.

최희철 저도 반대합니다. 진보라는 틀 안에서 어느 정도 가치관이 비슷한 사람들끼리 모여서 5석 내지 10석을 만들고 그 힘으로 정책을 만들어 내야죠.

이광수 5석만 되도 이런 말 안 하죠. 2013년 4월 치러진 보궐선거 결과를 보세요. 노원병에서 노회찬 씨 부인 김지선 씨가 출마했는데 표가 얼마 나왔습니까? 완전히 '개박살'났어요. 노회찬 씨도 그런 식으로 하면 앞으로 어려울 겁니다. 그때 저는 우리가 떨어지는 건 문제가 아니니까 우리를 짓밟은 안철수를 떨어뜨리는 데 최선을 다하자, 새누리당이 당선되고 안철수를 떨어뜨리는 것을 목표로 삼아야 진보정당을 무시하지 못한다, 그렇게 주장했어요. 그런데 떨어뜨리지도 못합니다. 5퍼센트밖에 안 나오니까요. 바로 그전 총선에서 노회찬이 57퍼센트 득표율로 국회의원 당선됐던 사람입니다. 그런데 안철수가 나오니까 5퍼센트 대밖에 안 나온 겁니다. 결국 전통적인 야권 지지 세력과 연대하지 못하면 우리 독자적으로는 캐스팅 보트 정도도 할 수 없다는 겁니다.

최희철 저는 지금 상황에서도 진보 성향의 정당들이 모두 합친

다면 10석은 가능할 것 같아요. 민주노동당 때 10석을 만든 경험이 있고, 통합진보당도 19대 총선에서 13석을 얻지 않았습니까?

남종석 저는 5석은 가능하다고 봅니다. 제대로 정치를 한다면.

이광수 글쎄요. 저는 2석 정도 가능할 걸로 봅니다. 이번에 부산 교육감으로 당선된 김석준 씨가 예전에 부산시장 후보로 출마하지 않았습니까? 2006년에 진보신당 후보가 아니라 무소속으로 출마했다면 파괴력이 훨씬 컸을 거예요. 무소속으로 나왔으면 민주당에 버금갈 정도였을 텐데, 진보신당을 업고 갔기 때문에 합리적 보수를 끌어당길 수 없었어요. 진보 후보가 그렇게 한다는 것은 불가능에 가깝습니다.

남종석 우리가 세력을 재편하는 목적은 진보나 좌파의 의제를 실현하기 위해서 아닙니까? 앞서 제가 노동당, 노동정치연대, 정의당의 특정 그룹이 모여 진보좌파를 재구성하자고 말씀드렸는데, 이 틀 안에는 기본적으로 진보적 의제를 중심으로 정치를 재편해야 한다는 목적이 담겨 있어요. 그러려면 의회 공간 안에서 진보좌파가 다수파가 되지는 못하더라도 최소한의 지분을 안정적으로 재생산할 수 있는 틀을 만들고, 문제 제기 집단으로서 정세에 개입하는 역량을 키워야 합니다.
권력 장악은 못할 수도 있고 할 수도 있어요. 국회의원 한 석을 얻는 것도 하나의 권력 장악이니까요. 300명 국회의원 중에서 5퍼센트, 10퍼센트를 안정적으로 만들어 낼 수 있는 틀을 만들고, 그 안에서 당의 활동가를 안정적으로 재생산해 내는 것입니다. 만약 새정치민주연합 같은 세력과 함께한다면, 그러니까 진보적 의제는 10퍼센트 정도만 실현하는 것을 목표로 삼는다면, 그것은 그냥 보수정당이 될 겁니다.

미국의 경우 공화당에도 '티파티 운동'하는 근본주의자나 딕 체니 같은 놈들 말고 중도우파들 많습니다. 중도우파가 우익적인 일만 하는 게 아니에요. 민주당도 다르지 않습니다. 미국 정치를 보면 대외정책이나 경제정책은 반동적이지만 복지 공급, 사회 안전망에는 관심이 많아요. 미국 내에서는 복지 공급하면서 대외적으로 반동적인 정책을 실천하는 식입니다. 중도우파를 하겠다면 몰라도, 적어도 좌파와 진보의 의제를 목적으로 한다면 새정치민주연합 같은 보수정당으로 투항하는 방식의 재편은 말도 안 되는 소립니다.

이광수 남종석 씨는 과거 민주노동당이 국회의원 선거에서 10석 얻을 때와 같은 미친 시대가 다시 올 수 있다고 보십니까? 저는 오지 않을 것 같은데요. 물론 장담할 수는 없지만 돌아가는 꼴을 볼 때 그래요. 그 근거 중 하나가, 진보정당 운동 열심히 하고 상당한 힘을 가지고 있는 통합진보당과는 절대로 못한다는 것 아닙니까? 발로 뛰면서 열심히 하는 사람들은 다 통합진보당인데, 그들과는 절대 같이 못하고 노동자들과 연대해서 뭘 하겠다는 건지……. 미안한 말이지만, 대부분 입이나 머리만 가지고 있는 사람들인데 무슨 힘이 생기겠어요? 그렇게 해서 국회의원 5석을 얻는다고요? 어렵다고 봅니다.

남종석 2013년에 철도파업 하면서 박근혜와 전면전을 벌이지 않았습니까? 당시 전선의 핵심은 민영화 문제였어요. 그것은 노동운동 진영에서 문제 제기한 겁니다.

이광수 그러니까 그런 투쟁은 '정치'가 아니라 '운동'이라는 겁니다. 운동으로서 선명성은 좋지만 정치 행위로서 대중화하는 데 그것이 과연 적절하고 유효한지에 대해선 좀 더 생각해 봐야 합니다.

남종석 어쨌든 철도노조가 이끈 파업투쟁이 대중적인 지지를 받았던 건 분명합니다. 말씀대로 철도파업은 노동운동이 이끌었지만, 정치적으로 이런 의제를 의회 공간에서 실천할 수 있는 제대로 된 진보정당이 존재한다면 그 정도 지지율은 충분히 나올 수 있다는 겁니다. 물론 그것은 목표죠. 목표는 우리가 도달하려는 지점이고, 그걸 이루려면 구체적인 기획과 세련된 개입, 정교한 정책이 필요합니다. 그것을 할 수 있는가? 이에 대해 이광수 씨는 전적으로 비관적 견해를 갖고 계신데, 저는 현재 운동 세력들이 재구성된다면 그 정도는 충분히 할 수 있다고 생각합니다.

이광수 똑같이 모순적인 이야기예요. 저는 운동은 대단히 진보적으로 가고, 정치는 보수적으로 가자는 겁니다. 개인이 두 가지 정체성을 갖는 것을 불편하게 생각하지 말자, 운동가로서의 정체성을 가지고 있으면서 한편으로 정치적 목표를 이루어 낼 수 있다, 낮과 밤이 다른 이중적 정체성을 유지하자는 것이죠. 이상하게 들리겠지만.

남종석 제가 아니라고 말씀드리는 이유는 이렇습니다. 예컨대 신자유주의에 반대하는 정책이라고 합시다. '신자유주의'라는 말이 포괄적이긴 하지만 구체적으로 금융 규제, 민영화 저지 같은 몇 가지 중요한 정책 목표가 있지 않습니까? 이 목표들은 운동의 과제일 뿐만 아니라 굉장히 구체적인 정책의 문제예요. 이런 전략적인 사회적 이해관계를 받아들인다면 같이할 수 있겠죠. 그런데 새정치민주연합은 아니지 않습니까? 그런 사람들하고 같이할 수 없어요. 우리는 권력을 쥐는 게 목적이 아니라는 겁니다.

이광수 권력을 쥐고 사용해야 하지 않습니까? 만약 교육감 선거가 정당공천제였다면 진보 교육감들이 당선될 수 있었을까요? 지방선거에서 대거 당선된 진보 교육감들은 이념적으로 볼 때 정의당이나 새정치민주연합 왼쪽 정도에 위치할 겁니다. 진보적인 세력이죠.

그런데 곰곰이 생각해 보세요. 한국 사회에서는 진보정당을 앞세우는 순간 지지율이 떨어질 수밖에 없습니다. 마찬가지로 심상정이 국회의원이 아니고 국회의원이 될 생각이 없다면 철도 민영화 반대 집회에 나가야겠지요. 물론 나갔을 것이고. 하지만 박원순 서울시장이라면 곤란할 수 있다는 겁니다. 그래서 저는 박원순 시장이 국보법 폐지에 반대한다고 말하는 것을 용납할 수 있어요. 시민운동가일 때와는 다른 겁니다. 그렇게 정치를 마키아벨리즘적으로 사고해야 해요. 그래서 박원순 씨가 재선에 성공하고, 민생 개혁정책을 추진하는 게 낫다는 겁니다.

남종석 입장 차이가 있네요. 저는 민영화 저지와 국보법 폐지가 중요한 과제라고 생각하고요. 박원순 씨 정책 중에 진보적인 것이 별로 없다고 봅니다.

이광수 그러니까 제 말이 그 말입니다. 박원순 시장이 좀 더 진보적인 의제를 내세우면 떨어져요. 그에게는 무의미한 국보법이고, 무의미한 KTX 민영화입니다. 그래도 박원순이 하는 서울시정이 정몽준이 하는 것보다는 낫지 않습니까?

남종석 그 점에서 저는 이광수 씨와 달라요. 진보 진영이 하나의 세력으로 존재하면서 소위 자유주의자들이 집권할 수 있습니다. 박원순 서울시장도 당선되지 않았습니까? 그렇게 야당에서 집권하면 됩니다. 그들과 개별 사안을 놓고 연대하거나 혹은 비판하면서 진보좌파는 독립적 정체성을 지니는 하나의 집단으로 의회 공간에서 활동하면 된다는 겁니다.
이것이 제가 생각하는 상이에요. 왜냐하면 그들은 국보법 철폐, 민영화 문제, 기초생활보장법 같은 중요한 쟁점들을 정치적 이해관계에 따라 다르게 생각해요. 당선과 직접 관련이 없는 집단이 존재해야만 그 문제를 정책적으로 제안할 수 있습니다. 그 힘이 하나는 운동이고, 하나는 제도권 안의 진보정당입니다. 그래서 제도권 안에 진보정당이 존재해야 한다는 거죠.

이광수 좋아요. 보수야당에 들어가는 것은 절대 안 된다면, 현재 흩어져 있는 진보정당들을 모두 모아 진보적 색채를 최대한 지우고 정치 역량을 좀 키우자고 한다면요?

남종석　역시 적극적으로 반대합니다. 진보적 색채를 가지고 당을 만들되, 정책을 최대한 세련되게 만들어야죠. 진보적 색채를 지울 것이 아니라 일반 시민들이 보더라도 거부감이 들지 않도록 멋지게 정책을 만들어야 합니다. 그게 정책 역량이고 정세에 개입하는 능력입니다.

이광수　저는 '진보'보다는 '정치'에 방점을 찍자는 겁니다. 조금 더 정치적인 언사를 쓰고, 정치적인 행위를 해야 합니다.

남종석　의료 민영화 반대 투쟁에는 의사들도 동참했어요.

이광수　그것은 정당이 하는 것이 아니잖아요. 그러니까 운동을 하자는 겁니다.

남종석　정당도 충분히 만들어 낼 수 있어요. 운동과 정치를 분리할 필요는 없습니다.

이광수　글쎄요. 운동적 차원에서 하는 것과 정당이 의제로 결합하는 것은 다른 이야기라고 봅니다. 어쨌든 간에 권력을 잡으려고 한다면 합리적 보수를 끌어와야 하는데, 너무 세게 밀고 나가면 진보정당이 얻을 수 있는 권력이 아무것도 없어요. 국회의원 2석이나 3석도 매우 중요하지 않습니까?

"딱 하나만,
정당명부식 비례대표제 확대만"

이창우 예전에 진보신당 통합 논의 과정에서 연립정부 참여 문제가 나오지 않았습니까? 연립정부를 구성한다면 어느 정도 수준에서 연대할 것인가? 내각을 공동으로 구성할 수 있으면 좋겠지만, 그렇지 못하더라도 딱 한 가지만 얻을 수 있으면 함께할 수 있다고 했어요. '정당명부식 비례대표제' 딱 하나만 얻으면 된다. 우리가 힘도 없으면서 이것도 내놔라 저것도 내놔라할 수는 없단 말입니다. 그러면 될 일도 안 될 테니, 되게 만들려면 한 가지만 얻자. 저 사람들도 우리가 약간은 필요하니까.

이광수 야당이 우리가 가진 힘만큼 부족해요. 2014년 지방선거는 좀 다른 양상이었지만, 세월호 사건이라는 특수한 상황 속에서 치러졌기 때문에 그것만으로 야권의 세력 분포를 가늠할 수는 없고요, 통상적으로 야당 세력은 진보 진영의 지지를 얻지않으면 보수여당을 이기기 힘든 구조라고 봅니다.

이창우 정당명부식 비례대표제 외에 우리가 내건 진보적인 정책들을 수용하는 순간, 저 사람들은 그것 때문에 중도 표를 못얻는다고 생각해서 고민하게 될 테니까 그것 하나만 얻자는 것이었습니다. 우리가 원하는 것은 중도 표에 큰 영향을 미치지않는 사안이니까.

이광수 진보정당이 클 수 있는 여지를 만들자는 것이죠.

이창우 그 정도면 합의할 수 있다고 했고, 이른바 독자파 중에도 동의하는 사람들이 꽤 있었어요. 이런 것이 정치의 현실주의 아닌가요? 우리가 판세를 좌지우지할 수 있는 힘이 별로 없는 상태에서 장기적으로 권토중래할 기반을 만드는 것이 중요하다는 것이죠.

최희철 우리가 어느 정도 의석을 확보할 수 있는 조건을 만들 때까지는 진보적 의제를 드러내지 않고 있다가 20석이나 10석이 되면 그때부터 본격적으로 진보적 의제를 드러내야 한다는 말인가요?

이창우 드러내고 안 드러내고의 문제는 아닙니다. 우리는 독자적인 하나의 정당으로서 끊임없이 문제를 제기할 수 있어요. 예를 들어, 무상교육이나 무상의료는 과거에도 꾸준히 이야기했고, 그러면서 무상급식 같은 것은 실제 먹혀들었어요. 우리의 정책과 입장은 적극적으로 선전하고 지지 세력을 만들어야죠. 우리는 계속 커 나가야 합니다. 다만, 현재 힘이 없으니까 최소한 동의할 수 있는 지점을 만들자는 것이죠.

이광수 남북한이 분단되어 있는 상황에서 의원내각제는 어려울 테고, 진보정당이 유일하게 할 수 있는 것이 정당명부식 비례대표제 아닙니까? 그런데 대부분의 국민들이 그게 뭔지 잘 몰라요.

남종석 중요한 사안이에요. 정당명부식 비례대표제를 확대하면 진보좌파에게 매우 유리한 공간이 열립니다. 정치적 시민권을 얻게 되는 거예요. 독일에서 녹색당 같은 소규모 정당이 제도권에 쉽게 진입한 것도 이런 제도 덕택입니다. 전체적으로 진입은 꽤 쉽게 했는데, 문제는 진입하고 난 다음입니다. 그 다음 어떻게 됐냐면, 녹색당에서 현실주의자들이 권력을 잡았어요. 녹색당 급진주의자들이 초기에 지녔던 급진적인 생각들은 다 날려버리고 자기 일자리 챙기는 직업정치인이 된 겁니다. 애초의 급진성은 사라지고 자기들 일자리를 보존할 수 있는, 즉 대중적으로 지지받을 수 있는 사안만 제기하고 여론 눈치만 보는 집단이 돼 버렸어요. 그러다 보니 보수당과도 연정하고, 집권을 위해서는 뭐든지 하는 '정치꾼'들로 전락했지요. 물론 독일 녹색당에서 급진주의적 전통이 완전히 제거된 것은 아닙니다. 당의 주류를 현실주의자들이 완전히 장악하다 보니 급진주의가 주변화된 것이죠. 당내 영향력도 별로 없고요.

이광수 정치 안에 들어가면 다 똑같아집니다. 안 그러려고 노력을 해야죠.

남종석 아니죠. 그렇지 않아요. 독자적인 토대가 없는 상태에서 새정치민주연합 같은 세력과 함께하면 진보좌파도 일자리 챙기는 데 급급한 정당이 되겠죠. 그래서 독립성이 필요하고, 뒤에서 추동할 수 있는 운동이 필요한 겁니다.

6·4 지방선거,
진보정당의 참담한 패배

이광수 '6·4 지방선거' 평가를 해 봅시다. 지방선거가 끝난 뒤 여러 가지 평가가 나왔습니다. 새누리당과 새정치민주연합이 비겼다고 평가하는 사람도 있고, 야당인 새정치민주연합의 패배라고 평가하는 사람도 있습니다만, '진보 진영의 참패'라는 의견에 대해서는 아무런 이견도 없습니다.

최희철 진보 진영의 패배는 예정되었던 것으로 보입니다. 현재의 정치 구조 혹은 선거 환경에서 진보정치가 자력으로 '대의代議정치적' 성과를 내는 것은 매우 어려운 일이에요. 다만 진보 진영이 단결된 모습을 갖춘다면 일정 부분의 정치적 지분은 차지할 수 있을 것 같지만, 그것이 가능한 일인지 확신이 서지 않습니다. 좀 우울해요. 단순하게 파편화된 것들을 주워 모으는 것이 해법은 아닐 텐데요.

남종석 저는 6·4 지방선거의 결과는 사실상 새누리당의 승리라고 생각합니다. 세월호 사건과 같은 재앙적 참사와 중앙정부가 보여 준 무능의 정도라면, 서울과 경기도 모두 야당 지역이 되어야 마땅했어요. 그러나 경기도와 인천에서는 졌고, 서울에서는 박원순이 이겼지만 냉정하게 평가하면 박원순 개인 능력과 상대 후보의 캐릭터가 선거 승리에 큰 보탬이 되었지요. 새정치민주연합이 비록 9개 광역자치단체에서 승리했지만, 그것은 새정치민주연합의 승리라기보다는 여권에 대한 견제 심리라고 봐야 할 것 같습니다. 세월호 참사 덕이겠지요. 진보 진영은 한계가 그대로 드러났고요.

이광수 세월호 참사가 결국 진보 진영에게는 독이 된 셈이네요.

최희철 '집권당 심판론'이 대두되고 여당은 '박근혜 지키기'로 가다 보니, 지방선거 특유의 풀뿌리 정치는 실종되고 보수 양당의 싸움판으로 양분되어서 진보정당이 설 자리가 없어진 것 아닐까요?

남종석 세월호 참사가 없었다면, 새정치민주연합은 호남과 충청 일부 지역 외에는 모두 어려웠을 겁니다. 여당이 저렇게 죽을 쑤었는데도 이 정도밖에 못하다니 정말 부끄러운 정당이에요. 수권 능력이 의심스럽습니다. 그런데 이보다 더 중요한 것은, 세월호 참사를 통해 여당이 무능함을 넘어 사악한 얼굴을 적나라하게 드러내니까 국민들이 반새누리로 몰렸지만, 이러한 반새누리 정서가 진보 진영에는 아무런 도움이 되지 못했다는 사실입니다.

과거에는 야당 지지율이 상승하면 진보 진영 지지율도 함께 상승했어요. 노무현 탄핵 정국 때도 그랬고, 2008년 미국 소고기 수입 사태 때도 그랬습니다. 그것이 일반적인 선거의 흐름이었는데, 이번 지방선거에서 이 흐름이 무너졌습니다. 이것은 굉장히 중요한 변화입니다. 결국 6·4 지방선거는 세월호 참사로 인해 양당제 강화, 즉 진보 진영의 존재 상실이라는 슬프지만 분

선거 대응을 특별히 잘못해서 망한 게 아니라,
2012년 통합진보당 사태 이후 이미 망가졌고,
이번에는 그냥 진단서를 받은 거죠.

명한 사실을 보여 주었습니다. 대중들은 새누리당도 문제고 야당도 문제라고 생각하지만, 그래도 박근혜 정권에 대한 견제 심리를 거대야당 지지로 표출했어요. 진보정당은 야당 축에도 못 낀 겁니다. 2010년 5회 지방선거에서는 야당 간 선거구 조정, 그러니까 선거연대 정도는 했는데…….

이창우 결과적으로 '그라운드 제로Ground Zero'가 되었습니다. 민주노동당을 창당하고 원내 입성하기 전 들판에서 외치던 때로 완전히 되돌아간 겁니다. 이번 선거 대응을 특별히 잘못해서 망한 게 아니라, 2012년 통합진보당 사태 이후 이미 망가졌고, 이번에는 그냥 진단서를 받은 거죠. '진보 막장 드라마'를 지켜본 국민들에게, 진보정당이 뭔가 새로운 걸 보여 준 게 없습니다. 무기력하게 시간을 보냈을 뿐이죠.

이광수 새정치민주연합이 세월호 뒤에 숨었을 때, 진보 진영은 도대체 뭘 했답니까? 새정치민주연합은 숨기라도 했지, 도대체 진보 진영은 어디 있었던 거예요?

최희철 세월호 참사라는 대형 사건이 터지면서 아예 선거운동

자체를 할 수가 없었어요. 세월호 문제를 우리 사회의 '안전불감증' 이슈로 빠르게 전환시키고 '노후 원전 폐쇄' 같은 의제를 띄울 수도 있었는데, 진보정당이 제대로 대처할 수 있는 힘이 없었어요. 정책적 의제를 제대로 만들어 내지 못한 것도 있지만, 그럴 힘이 없었다는 게 진보정당의 민낯 같습니다.

이창우 정의당은 서울시장, 경기도지사, 부산시장 등 광역단체장 후보가 없으니 아예 마이크가 없었죠. 선거 기간 내내 "정의당이 어떤 당이냐?"는 질문을 계속 받을 정도로 존재감이 없었습니다. '싸움을 잘했다, 못했다' 이전에 정의당의 싸움판 자체가 만들어지지 않았던 거죠. 부산에서 정의당은 기초단체장 후보 1명, 광역의원 후보 1명을 제외하고 전부 기초의원 후보였습니다.

정의당의 존재감이 없다 보니 후보들의 개인기에 의존해야 하는 상황이 벌어지면서, 정당정치를 주장해 오던 저는 상당히 모순에 빠졌습니다. 선거 구도가 정당 구도로 가면 필패니까 인물 구도로 가야 하는 상황에 처한 거죠. 부산에서 그나마 존재감을 드러낸 사람이 통합진보당 고창권 시장 후보였습니다. 그 존재감이라는 것도 사퇴 압박을 받는 '걸림돌'로서의 존재감이었지만요.

남종석 그게 정말 아쉬운 점이에요. 세월호 사태는 신자유주의적 탐욕이 어떤 참사를 낳을 수 있는지를 적나라하게 보여 주었습니다. 이 문제를 해결하려면 좌클릭을 시도해야 하는데, 새정치민주연합이 그럴 리 만무하지요. 조국 교수도 정의당이 주최한 선거평가 토론에서 이런 취지의 발언을 했어요. 사실 세월호 사태와 신자유주의의 관련성을 지적하는 것은 어떤 혜안이 필요한 주장이 아니에요. 너무나 상식적인 수준에서, 그러면서도 문제의 핵심을 지적한 겁니다. 그런데 새정치민주연합은 어떻게 대처했나요? 이 정당은 오히려 우클릭을 통해 새누리당과 아무런 차이가 없다는 것을 보여 주려고 온갖 노력을 했어요. 안철수식으로 표현하면 갈등의 정치가 아니라 상생의 정치를 한답시고 말입니다.

이건 정말 대한민국의 불행이에요. 세월호 참사에 대한 가장 기초적인 대응조차 내놓지 못한 겁니다. 선박 규제를 완화하고, 노동자들을 비정규직화하고, 국가 해난구조를 민영화한 이 체제의 문제를 단 하나도 개조하려 하지 않았어요. 이게 대한민국의 맨 얼굴입니다. 그런 처참한 상황 속에서 진보 진영은 존재감이 없었습니다. 이제 진보는 새정치민주연합 욕만 하고 사는 존재 같아요.

이광수 진보가 이 지경이니 새정치민주연합이 우습게 보는 것 아니겠어요?

남종석 당연합니다. 6·4 지방선거에서 새정치민주연합 지도부는 진보정당과 연대할 필요성을 전혀 느끼지 못했어요. 우리는 정권 교체를 하려면 새정치민주연합을 비판적으로 지지할 수도 있다고 선의로 판단할지 모르지만, 새정치민주연합은 반새누리당 정서를 자신들의 독점적 지위를 확대하는 수단으로 사고하기 시작한 겁니다. 이것이 안철수식으로 표현하면 "선거공학적 연대는 없다"는 것이죠. 앞에서 말했던 새정치민주연합의 우경화와 같은 맥락에 놓인 전술입니다. 어쨌든 진보 진영은 광역의원 선거에서 비례후보 몇 명을 제외하면 단 한 석밖에 못 건졌습니다. 새정치민주연합에게 다 빼앗긴 겁니다. 양당제가 더 강화됐어요. 진보는 이제 아무런 대안도 되지 못하는 상황입니다. 참담합니다.

최희철 해운대 지역에서도 아주 모범적인 의정 활동을 펼치고 언론에도 상당히 많이 노출되어서 주민들에게 꽤 지지를 받을 것으로 예상했던 정의당 김광모 구의원, 노동당 화덕헌 의원 모두 낙선했습니다. 게다가 지지도도 아주 낮게 나와서 도대체 어떻게 이런 일이 일어났는지 의문이 들어요.

이창우 선거라는 것이 막상 치러 보니까 의정 활동을 잘했다고 표를 많이 받는 게 아닙니다. 구의원은 모범적인 활동을 펼쳐도 아는 사람만 알지 대다수는 몰라요. 게다가 이번 선거는 지방정치에 무관심한 주민들이 양당 대결로 짜인 정치 구도 속에서 투표를 하다 보니 모범적 의정 활동이 득표에 큰 영향을 미치지 못했어요.

최희철 그런 면도 있지만, 사실 의정 활동을 잘했다는 게 주민들의 관심 영역 밖의 일일 수도 있겠다는 생각도 들어요. 예를 들어 주민들에게는 핵발전소 문제가 피부로 와 닿지 않고, 진보적 의제를 말하면 '색깔론' 안경을 쓰고 보는 주민들도 아주 많아요. 지방의원은 주민과 접촉할 수 있는 활동을 지금보다 훨씬 더 많이 해야 할 것 같습니다.

진보정당
선거 전술 평가

남종석 글쎄요. 그런 요인은 상수로 봐야 하지 않을까요? 풀뿌리 민주주의에서 '보수적 시각'은 항상 존재했던 현실 조건이었어요. 2010년 5차 지방선거에서는 그런 풀뿌리 보수주의가 뚜렷했는데도 불구하고 야권연대가 이루어졌으니까 진보정당 구의원들이 당선되었던 것 아닙니까? 결국은 선거 구도의 문제예요. 그래서 선거공학의 문제가 심각하게 대두되는 것입니다.

이광수 정치공학이라? 참 어려운 이야기입니다. 할 수도 없고, 안 할 수도 없고…….

최희철 어떤 선거에서든 정치공학의 문제는 신중하게 고려해야겠죠. 진보 진영에서는 정치공학적 행위를 '나쁜 것'으로 여기는 시각이 있지만, 현실정치에서 정치공학을 신중하게 고려하지 않으면 실제로 진보 진영이 '치명적'인 타격을 받지 않습니까? 이번 선거도 진보 진영 자체의 잘못으로 인한 패배라기보다는 선거 구도에서 다양한 전술을 구사하지 못했고, 더 궁극적으로는 진보 진영의 힘이 심하게 약화되었다는 점에서 패배의 원인을 찾아야겠지요. 힘이 없는데 새정치민주연합에서 왜 연대를 하겠습니까? 통합진보당은 연대하기에는 애매한(?) 지점에 있었고요. 진보 진영은 선거 구도 분석과 선거 행위, 그리고 권력의지 부족 등을 적나라하게 보여 준 것 같아요.

더불어 진보의 정치적 가치관이 일상에서 잘 통하지 않는다는 걸 분명하게 확인할 수 있었습니다. 대중과의 괴리, 즉 대중에게는 진보가 아직도 낯설다는 것이지요. 내용을 어떻게 표현할 것인가도 심각하게 고민해 봐야 할 겁니다.

이광수 어쨌든 야권연대를 이루지 못해서 진보 진영은 참패했습니다. 특히 부산 지역에서요. 그 결과가 너무나 씁니다.

이창우 2010년에는 그래도 야권연대를 통해 진보정당의 좋은 후보들이 진출할 수 있었는데, 이번에는 야권연대가 거의 이루어지지 않았어요. 특히 부산에서 심했죠. 경남과 대구·경북에서는 어느 정도 이뤄졌지만, 전반적으로 새정치민주연합의 우경화가 심해지면서 야권연대를 무시하는 분위기였습니다. 그만큼 진보정당의 존재감이 약해졌다는 얘기죠.

통합진보당 사태 이후 '이석기 내란예비음모 사건'이 터지면서 진보정당은 '종북'이라는 주홍글씨를 이마에 새기게 됐어요. 새정치민주연합으로서도 정의당 정도의 중도좌파정당은 얼마든지 연대할 수 있는 세력이지만, 정의당이 대표 진보정당으로서 몸집 불리기에 실패한 상태에서 군이 연대할 필요가 없었던 거죠. 얻을 수 있는 이익이 없으니까. 특히 안철수는 새누리당과 맞서서 '중도'로 지지세를 확장해야 하는데 군이 진보정당과 연대해서 표도 얼마 없는 왼쪽으로 갈 이유가 없었던 겁니다. 그

선거 구도에서 다양한 전술을 구사하지 못했고,
더 궁극적으로는 진보 진영의 힘이
심하게 약화되었다는 점에서……
힘이 없는데 새정치민주연합에서 왜 연대를 하겠습니까?

렇다면 진보정당들은 새정치민주연합이 비워 둔 중도좌파 사이에서 강한 결집력을 발휘해서 자신의 지지 기반을 다졌어야 했는데, 중도좌파 지지자들을 묶을 수 있는 이슈나 차별성 있는 정책 의제를 내놓지 못했어요. '경제민주화' '복지국가' 같은 이슈를 중도좌파정당이 자기 브랜드로 만들지 못하고, 민주당이 '을지로위원회'를 띄워서 먼저 차지해 버리는 걸 그냥 지켜보고 있었어요. 새정치민주연합 내부에서도 이런 중도좌파 정책이 생산되니까 정의당과 질적 차별성이 사라지는 겁니다. 물론 지금까지 경험에 따르면, 새정치민주연합의 중도좌파적 정책은 일관성 있게 추진되지 않지만요. 그 사람들은 반짝 드라이브를 걸다가 서랍 속에 처박아 두는 식이에요. 어쨌든 새정치민주연합의 중도좌파적 정책과 겹치는 부분, 사실 이 부분이 정의당의 고민이기도 합니다. 마이크는 작고 이슈는 겹치고…….

남종석 새정치민주연합이 중도좌파에서 중도우파까지 포괄하고 있는 것은 사실입니다. 복지나 노동, 인권에 대한 문제의식에서 진보적인 요소가 없는 것도 아니고요. 진보적 개혁 세력들이 그나마 새정치민주연합을 통해서 작은 변화라도 만들어 보려고 하는 것도 이 때문일 겁니다. 이런 정서가 정의당의 위치를 애매하게 하는 면이 있어요. 하지만 현재 새정치민주연합의 우경화는 더 뚜렷해졌어요. 현 지도부의 문제만이 아니라 정책적·사회적 포지셔닝이 그렇게 된 것입니다. 더군다나 앞에서도 지적하셨듯이, 이제 그들은 진보좌파와 선거연대를 할 필요성도 느끼지 못하고 있어요. 그 결과 진보 후보들이 모두 떨어졌습니다. 2014년 지방선거에서 가장 안타까운 점이 이겁니다. 부산이든 서울이든, 정말 지역 활동을 잘한 좋은 풀뿌리 진보 후보들이 거의 전부 낙선했어요. 이들 선거구에 새정치민주연합은 모두 후보를 냈고, 구도에서 밀린 진보정당 후보들은 '춘풍낙엽春風落葉'이 됐어요. 지역에서 아무리 토대를 일구고 지역 주민들에게 다가가도 현재 정치 구도를 넘어서기에는 역부족이었던 겁니다. 정말 안타깝고 화나는 일이에요. 새정치민주연합과 한나라-새누리 철새 정치낭인 후보들에게 우수한 진보적 활동가들이 밀리는 상황은 정말 참기 힘들어요.

이런 상황에서 그나마 희망이라면, 진보 진영의 지지율이 어느 정도 안정화되고 있다는 판단이 섭니다. 진보 진영이 2004년 민주노동당 시절이 가장 큰 전성기였다고 늘 이야기하지 않습니까? 그때 정당 지지율이 13퍼센트였고, 2010년 총선 때 통합진보당 지지율이 10퍼센트를 넘었습니다. 그런데 2014년 지방선거를 보면 진보가 사분오열된 상태에도 전체 지지율이 대략 10퍼센트 정도를 차지하더라는 겁니다. █이른바 통합진보당 사태, 진보의 분열, 4개 정당으로 선거에 출마한 것치고는 그렇게 나쁜 성적은 아니라고 봐요. 그럼에도 불구하고 당선인 수가 2010년 5차 지방선거 때보다 크게 줄어든 것은 선거 구도의 변화 때문입니다. 새정치민주연합이 구의원까지 독식하고, 광역후보를 모두 냈고, 진보정당끼리 경쟁한 것이 표의 분산으로 나타났습니다. 하여튼 분명한 것은 이제 새정치민주연합이 반새누리당 표를 거의 흡수해 가고, 진보 진영은 거의 외면당한다는 사실입니다.

이광수 새정치민주연합과의 야권연대는 그렇다 치고, 진보 진영의 선거 전술이나 각 당의 연대는 어땠습니까?

이창우 전술 자체를 펼 상황도 되지 못했어요. 제대로 된 싸움 한 번 해 보지 못하고 패배한 겁니다. 정의당은 이번 지방선거에서 '골목까지 따뜻한 복지국가'를 내세우고, 방사능 걱정 없는 급식, 아동 주치의제, 그리고 세월호 참사로 안전 문제가 부각되면서 고리1호기 노후 원전 폐쇄 등의 이슈를 들고 나왔는데, 이런 정의당의 정책이 제대로 조명이나 받았는지 모르겠어요. 그래도 2010년 지방선거 때는 무상급식이라는 '정책'이 선거 이슈가 되었는데, 이번에는 새정치민주연합의 '기초의원 정당공천 폐지'라는 황당하기 짝이 없는 이슈에 휩쓸려 허송세월하다가……. 기초 무공천이 무슨 정치 개혁이라고 그 난리를 쳤는지

▮ 2014년 지방선거에서 정당투표, 즉 광역의원비례대표 선거 득표율은 새누리당 48.5퍼센트, 새정치민주연합 41.2퍼센트이고, 통합진보당·정의당·노동당·녹색당 등 진보 계열 4당을 합친 득표율은 10.05퍼센트이다. 구체적으로 보면 통합진보당 4.28퍼센트, 정의당 3.62퍼센트, 노동당 1.28퍼센트, 녹색당 0.87퍼센트이다. 19대 총선에서 통합진보당·진보신당·국민참여당이 얻은 11.03퍼센트와 큰 차이가 나지 않는다. 자료를 제공해 준 극동대 겸임교수 최광웅 씨에게 감사드린다.

분명히 따져 물어야 합니다. 그리고 세월호 참사라는 대형 사건이 터지면서 아예 선거운동 자체를 할 수가 없었어요.

남종석 진보정당들끼리도 선거구 조정이 이루어지지 않았다는 사실도 지적해야 합니다. 통합진보당은 당의 생존을 위해 모든 지역구에서 후보를 내는 전략이었고, 정의당이나 노동당도 후보를 낼 수 있는 곳에는 모두 내겠다는 입장이었어요. 그러다 보니 일부 지역에서는 자연스럽게 서로 피해 가기도 했지만, 딱히 선거구 조정이랄 것도 없었고, 선거 전략 면에서도 새로운 이슈를 내세워 담론투쟁을 할 상황도 아니었고, 능력도 보여 주지 못했습니다. 세월호 재앙이 너무나 큰 문제이기도 했지만, 전략이라고 해 봐야 각 당 모두 정권 심판하겠다, 정의를 바로 세우겠다는 것 말고는 없었습니다. 대부분의 시민들은 통합진보당, 정의당, 노동당의 차이도 알지 못했고요. 진보정당들끼리라도 좀 전략적인 선거구 조정이 필요하지 않았을까, 아쉬운 지점입니다.

부산에서는 정의당과 노동당이 협력하려는 노력이 있었어요. 선거 시작 전에 정의당, 노동당, 노동자정당추진위가 모여서 선거연대도 했고요. 하지만 그렇지 못한 지역도 있었어요. 특히 통합진보당과 정의당·노동당이 경쟁하는 경우가 많았습니다. 노동당 도의원 최김재연(경기 고양) 지역구를 보면, 새정치민주연합과 정의당이 후보 단일화를 해서 정의당 후보가 출마했고, 새정치민주연합 후보는 당을 탈당해서 무소속으로 나왔습니다. 노동당 도의원이 있는 지역구에 심상정 의원이 지지하는 정의당 후보가 나왔단 말입니다. 그래서 둘 다 떨어졌어요. 좀 의아했어요. 역시나 심상정은 의문부호가 찍히는 분이구나 싶습니다.

이광수 이번 선거에서 직접 후보로 뛴 이창우 씨는 어떻습니까? 현장에서 직접 뛰어 보니 어떤 점이 가장 어렵던가요?

이창우 정의당 후보라고 소개하면 정의당이 무슨 당인지 몰라요. "저희는 노회찬, 심상정, 유시민이 함께하는 정당입니다." 라고 소개하면 "통합진보당과 다른 건가요?"라고 물어요. 통합진보당에 대한 부정적인 정서가 너무 크고, 진보 진영은 도매금으로 넘어가는 거지요. "이정희 당입니까?" 물어보기도 하고요. 우리는 통합진보당과 다르다고 생각하지만, 대부분 사람들이 '진보는 다 똑같다'고 생각하는 거지요. 부산 지역 정의당의 다른 후보들 말을 들어 보면, 세월호 참사 이후에는 진보라면 아예 명함조차 안 받고 악수도 거부하는 현상이 눈에 띄게 늘었다고 해요. 새누리당이 '박근혜 살리기'로 가면서, 그동안 소속 정당과 상관없이 상대적으로 관대했던 진보 진영의 기초선거구 후보들에게 '종북좌빨'을 향한 적의를 드러낸 겁니다. 박근혜를 지켜야 하는데 진보가 걸림돌이 된다고 생각한 겁니다. 기초의회 선거에서조차도 진보가 죄악시되는 상황이 벌어진 것이 가장 서글펐습니다.

최희철 녹색당의 경우는, 간혹 녹색당이 어떤 당이냐고 묻는 사람도 있었지만, 대부분 녹색당이라는 이름을 보고 당의 성격을 아는 것 같았고, 기존 진보정당에게 보내던 색깔론의 시선도 거의 없었던 같습니다. 그래서인지 녹색당은 선거운동을 거의 안 했는데도 열심히 운동한 노동당과 비슷하게 득표했어요. 당명이나 당이 갖고 있는 이미지를 좀 더 쉽게 만들어 내는 것도 중요하다는 것을 느꼈습니다.

진보 교육감 당선으로 확인한 진보의 상품성

이광수 또 하나 2014년 지방선거에서 간과할 수 없는 것이 진보 교육감 당선 아닐까요? 진보 진영의 참패에만 방점을 찍기에는, 전국 열세 곳에서 진보 교육감이 당선되는 너무나 뚜렷한 성과가 있었습니다. 민심이 진보를 완전히 외면했다고 보기에는 아직 섣부르지 않을까요?

최희철 진보 교육감 당선은 진보정치와는 좀 다른 관점으로 생각해야 하지 않을까요? 진보적 가치관에 동의한 것이라기보다는 한국에서 교육 주체들이 갖고 있는 '상식'이 작동한 것으로 보입니다. '아이들은 보호받아야 한다'는 인간 본능의 심성이 표출된 것도 같고요. 그런 의미에서 진보정치의 미래 역시 두 가지 길을 걸어야 한다고 생각해요. 먼저 '판 뒤집기'에 가까운 진보정치의 개조가 있어야 할 것이고, 그 안에서 진보정치는 기존의 관점과는 다른 관점의 '실질적인 정치 역량'을 보여 주어야 할 겁니다. 특히 선거 국면에서는 좀 더 실질적이어야 해요. 이제는 구호나 선명성만으로 접근해서는 안 됩니다. 그러기 위해서 가장 중요한 것은 진보 진영이 일정한 힘을 보유하고 있어야 할 텐데, 이 문제는 향후 진보 통합의 문제와 또 맞물립니다.

남종석 저도 비슷한 생각이에요. 진보 교육감의 약진을 참교육에 대한 열망이나 세월호 사태 이후 교육의 변화를 바라는 절박한 주문이 반영된 것이라고 보는 분석이 많아요. 진보 교육감이 전국적으로 많이 당선되다 보니 그런 분석이 나오는 것이겠죠. 사실 세월호 사태가 진보 교육감 당선에 어떤 영향을 주었는지 콕 집어 말하기는 쉽지 않습니다. 저는 현실적으로 보수 후보들의 난립과 진보 후보의 단일화가 교육감 승리의 1등 공신이라고 봐요. 이건 어떤 특별한 분석이 필요한 것이 아니라 거의 상식에 가까운 생각입니다. 물론 세월호 사태가 얼마간 영향을 미쳤을 수도 있지만, 교육감 선거에 커다란 변화를 일으킬 만큼 이번 사태가 교육과 관련한 직접적인 성찰의 계기가 되었는지에 대해서는 의문이 들어요.
부산의 경우, 오히려 관심을 두고 분석해야 할 것은 오거돈 지지율이 49퍼센트 가량 되었는데, 김석준 교육감 후보의 지지율은 33퍼센트에 머물렀다는 사실입니다. 야당 지지자들 가운데 상당수는 다른 후보를 찍었다는 것인데, 이 점은 조금 의아합니다.

이창우 그렇다고 교육감 선거에서 '진보'라는 이름의 힘을 무시할 수도 없다고 봅니다. 진보 교육감이 석권한 것은 '진보'가 팔리는 상품이라는 걸 보여 주는 것 아닙니까? 물론 세월호 사건의 영향도 있었지만, 저는 '사람이 먼저'라는 진보의 논리가 먹힌 거라고 봅니다. 기존의 진보 교육감이 펼쳤던 무상급식이나 혁신학교, 학생인권조례 등이 어쨌든 호평을 받은 건 사실이니까요. 특히 서울에서는 문용린 교육감이 혁신학교를 없애려고 하면서 혁신학교를 두고 전선이 형성되었죠. 그래서 혁신학교의 성과를 알고 있는 유권자들이 강하게 진보 교육감을 지지한 겁니다.

남종석 저는 좀 다르게 생각해요. 이번 진보 교육감의 선택을 교육에 대한 변화의 요구라든가, 진보적 의제에 대한 대중의 선호가 있다고 해석하는 데는 무리가 있다고 생각합니다.

최희철 이번에는 정치판에서의 진보와 교육판에서의 진보가 약간 다른 의미로 유권자들에게 받아들여진 것 같습니다. 가령 교육감 선거에서 진보 교육감의 선택은 세월호 참사에서 비롯된 우리나라 기존 교육 전반에 대한 근본적인 불신이 작동한 것으로 보이고요, 그것을 정치판에서의 진보적 성향과 같은 것으로 보기엔 조금 무리가 있지 않을까요? 기존 정치를 좌우하는 진영 논리가 교육감 선거에서는 크게 작동하지 않았던 것 같아요. 부산 교육감 선거에서 이른바 보수 진영 후보들이 김석준 후보를 '좌파 교육감'이라고 몰아붙였지만 크게 영향을 미치지 않은 것을 봐도 그렇습니다.

이창우 그런데 소위 진보적 의제라는 것, 무상급식 같은 것은 보편복지 의제의 일부입니다. 그런 걸 진보적 의제라고 하는 건데, 이런 게 받아들여졌다면 진보가 팔리는 상품이라고 말할 수 있지 않나요?

이것은 마치 유권자들이 진보에 의지하려고 하면서도
진보정당에게 "너희가 제대로 된 진보냐?"고
되묻는 것과 같아요.

이광수 세월호 참사로 인한 학교교육의 문제 성찰, 혁신학교·
무상급식 등 그동안 진보 교육감이 보여 준 학교교육의 변화를
학습한 효과가 있었던 것은 사실로 보여요. 그렇지만 뭐니 뭐니
해도 가장 결정적인 원인은 정당정치 바깥에서 이루어진 선거
라는 것 아닐까요? 만약 진보 교육감 후보들이 정당공천 체제
에서 선거를 치렀다면, 일부는 새정치민주연합 후보로, 일부는
노동당이나 정의당 후보로 나갔겠죠. 그렇게 되면 인물보다 정
당에 대한 평가가 주를 이루었을 테고 그랬다면 떨어진 사람도
있었을 겁니다. 정당공천제였다면 자연히 보수 난립은 정리되
었을 테고 말입니다. 어쨌든, 교육감 선거를 통해 '진보'라는 것
자체가 의미를 완전히 상실하지는 않았다, 다만 그 진보를 담아
내는 우리 그릇에 문제가 있었다는 지적은 상당히 유효하겠습
니다.

이창우 예, 진보에 대한 사회적 요구는 존재하는데, 정작 원
조 진보정당들은 전멸했습니다. 이것은 마치 유권자들이 진보
에 의지하려고 하면서도 진보정당에게 "너희가 제대로 된 진보
냐?"고 되묻는 것과 같아요. 과격하기만 한 진보, 자기 잘난 맛
에 사는 진보가 아니라 혁명보다 어렵다는 개혁을 책임 있게 추

진할 수 있는 진보를 원하는 겁니다. 진보정당이 분열과 반목을 일삼으면서 국민들 눈에 함량 미달로 보인 거죠.

이광수　예, 그래요. 그러면 어떻게 해야 되겠습니까?

남종석　진보에 대한 사회적 요구는 분명히 존재해요. 최근 사회적으로 부각되고 있는 불평등 문제라든가 경제·사회정책 전환 요구 등 진보적 의제가 개입되어야 할 영역은 너무 많죠. 한국 사회의 구조적 문제들, 차고 넘치는 비정규직, 민영화되고 있는 공공부문, 실업, 경제위기의 징후, 환경파괴 등 그 어떤 것도 진보와 무관한 게 없습니다. 새정치민주연합은 이런 구조적 문제에 문제 제기조차 하지 않습니다. 그런 점에서 보면 현재 양당 구도는 진보적 의제를 실현할 가능성이 거의 없다고 봅니다. 왜냐하면 지금 새정치민주연합의 경우 계속 우경화된 형태의 정책을 제시하고 있기 때문에 새누리당과 특별한 차이점을 보여 주지 못하고 있습니다. 이런 진보적 요구들을 실현할 수 있는 진보좌파 세력의 성장만이 그런 문제를 해결할 수 있다는 겁니다.

진보정당
통합 시나리오

이창우　하지만 안타깝게도 진보정당의 독자 세력화는 시계 제로예요. 앞이 보이지 않아요. 그마나 조금 있던 지역 풀뿌리 기반마저 뿌리째 뽑혀 나갔습니다. 새로 시작해야 한다는 말이 얼마나 먹힐지도 의문이에요. 침몰하는 진보정당호에 "가만히 있으라"고 해서 될 일이 아닙니다. 리더십도 붕괴됐어요. 특히 직업으로서 정치를 했던 선수들의 고민이 깊을 겁니다. 양당 체제하에서 제3의 정치 세력으로 자리를 잡아 보려던 그간의 노력이 수포로 돌아간 상황에서 마냥 자기희생적으로 맨땅에 헤딩하고 있어야 하는지 고민되지 않겠어요?

이런 상황에서 새정치민주연합의 중도좌파블록을 강화하자는 목소리가 나오면 동요할 가능성도 있습니다. 물론 당장은 아니겠지만 그런 경향이 강화될 거라고 충분히 예상할 수 있어요. 다른 한편으로 진보정당의 세력 재편이 추진될 수 있겠죠. 통합진보당 외에 정의당과 노동당, 그리고 민주노총 기반의 노동정치연대가 세력 재편을 추진할 수도 있고, 통합진보당의 일부를 견인하려는 시도도 나올 수 있습니다. '캐스팅 보터'로서 진보정당의 역할을 새롭게 구축하려는 노력이죠. 당의 주력은 그와 같은 관성을 갖게 됩니다.

남종석 현실적으로 진보좌파가 생존하려면 결국 이창우 씨가 말했듯 제3지대로 헤쳐 모이는 방식 외에 다른 대안이 존재하지 않는 건 분명해요. 한국 사회의 맥락에서 사민주의나 녹색좌파, 사회주의가 독자적인 블록으로 성장하는 건 현실적으로 어려워 보입니다. 사민주의조차 정치사회적 토대를 갖고 있지 못하고, 노동운동은 아예 기득권 세력이라고 공격받는 이런 사회에서 노동자계급의 독자적 정치 세력화나, 녹색주의 독자 세력화는 불가능한 프로젝트라고 할 수 있습니다. 결국 우파정당에 대항할 수 있는 진보좌파 전체의 통합과 연대만이 현재 난관을 극복할 수 있는 유일한 길입니다.

소위 변혁 그룹이나 노동당 일부의 좌파당 논자들은, 기회주의자·주사파와 분리해서 독자적인 좌파를 구성할 수 있다고 주장합니다. 그런데 이들이 하는 정치 행위를 보면 아마추어도 이런 아마추어가 없다고 할 만큼 한심해요. 정치적 감각, 정세 분석 능력, 대중에 대한 개입 등 모든 면에서 무지와 무능으로 일관되어 있어요. 이 변혁 그룹들, 좌파당 논자들은 지금까지 진보정치가 축적해 온 경험, 역사, 정책 등 그 모든 것과 전혀 무관합니다. 녹색당도 정치적 미성숙 측면에서는 오십보백보예요. 이런 미성숙한 존재들이 스스로 자립할 수 있다고 떵떵거리는 꼴을 보면 정말 한심합니다.

최희철 진보좌파 전체의 통합이라면 그 범위를 어디까지로 봐야 할까요?

남종석 이창우 씨가 말했듯 단기적인 것과 장기적인 것으로 나누어 볼 필요가 있어요. 진보좌파라고 한다면 진보적 자유주의부터 통합진보당의 자주파, 사민주의, 사회주의, 녹색주의 전체를 포괄한다고 봅니다. 그러나 2012년 통합진보당 사태 이후, 통합진보당과 여타 진보좌파 세력이 현 시점에서 조직 통합을 새롭게 모색하는 것은 가능하지도 않을뿐더러 바람직하지도 않다고 봅니다. 통합진보당이 나름대로 자기 역사를 성찰해야 하고, 그런 전제 위에 상호신뢰를 쌓는 것이 필요합니다.

여기에는 중요한 전제가 있습니다. 앞에서 우리가 이야기했듯

> 결국 우파정당에 대항할 수 있는
> 진보좌파 전체의 통합과 연대만이
> 현재 난관을 극복할 수 있는 유일한 길입니다.

이, 경기동부의 이석기 그룹처럼 비공개 조직이 공개적인 대중 정당의 이면에서 작업하는 방식의 조직 관행들은 청산되어야 합니다. 이것은 당내 민주주의 성숙을 위한 필수 과제입니다. 자주파 내부에서 이런 문화에 대한 성찰이 없다면 조직 통합은 불가능해요.

반면, 통합진보당을 제외한 여타 진보 세력들은 일정한 절차를 거치면서 새로운 통합 세력을 형성해야만 정치 세력으로서 자기 존재를 유지할 수 있다고 봅니다. 이를 토대로 통합진보당과는 선거 시기 등 전술적 연대와 정책연대를 통해 공동 블록을 만들어 나가는 작업이 필요하죠. 새누리당에 반대하고 새정치민주연합과는 다른 존재로 진보좌파가 다시 커야 해요. 구체적으로는 선거 시기에 양당 구도를 깰 수 있는 개입 전술을 써야 하고요.

이광수 캐스팅 보트를 쥐어야 한다는 뜻이죠? 구체적으로 캐스팅 보터로서의 역할이란 뭘까요?

이창우 캐스팅 보터로서의 역할은 양당 체제로 들어가는 방식이든 진보 진영이 통합해서 남는 방식이든, 어쨌든 힘을 키워야 한다는 것이 전제 조건입니다. 우리를 무시하면 새정치민주연합이든 새누리당이든 좋을 것 없다는 힘의 논리를 구체적으로 보여 줘야 하는데, 어떻게 해야 할지 아직 모르겠습니다.

이광수 흩어진 진보 진영을 추슬러서 캐스팅 보터로서 뭔가 할 수 있는 일을 찾아야겠죠. 그래서 너 죽고 나 죽는, 새정치민주연합과 같이 죽는 호기로운 정치도 정치일 수 있다는 것을 한 번 보여 줘야 해요. 2014년 지방선거에서 새정치민주연합은 진보정당과 야권연대를 하지 않았어요. 그럼 이제 우리가 할 일은 그들에게 우리 힘을 보여 주는 겁니다. 특히 보궐선거 같은 경우, 전국적 지명도가 있는 진보의 간판선수가 전략 지역을 택해 새정치민주연합과 단일화하지 않고 끝까지 완주해서 되면 좋은 일이고, 안 되더라도 그들과 같이 죽는 길을 고려해 봐야 합니다. '너 죽고 나 살기'가 아니라 '너 죽고 나 죽기'가 되는 거지요. 그렇게 하지 않으면 그들은 계속 진보정당을 짓밟으면서 싹을 자르려고 할 겁니다. 우리는 무시와 경멸을 받으면서 잊힐 거고요. '너 죽고 나 죽기' 전술이 성공하면 우리가 바라는 연대정치가 가능할 수도 있어요. 새누리당뿐 아니라 새정치민주연합도 우리의 적이 될 수 있다는 사실, 연대정치는 힘이 있어야 가능하다는 사실, 이것을 뼈저리게 인식해야 해요. 그러려면 우선 해야 할 일은 진보 진영의 통합인데, 그게 그렇게 쉬운 일은 아니란 말입니다.

아직도 답답하고 해결되지 않은 문제들이 여전히 많아요. 그래도 중요한 질문을 던지지 않을 수 없습니다. 도대체 우리는 무엇을, 어떻게 해야 하는 겁니까? 통합이 가능하기는 할까요?

어느 정도까지 가능할 것이고, 그것을 이루면 정치적 희망은 어느 정도 생길까요? 야당으로 야반도주할 사람은 하고, 주류의 진보 진영은 '소통합'이든 '단계별 통합'이든 '원샷 통합'이든 통합을 해야 하는 걸까요? 아니면 이도 저도 아닌 채 이대로 그냥 가는 겁니까? 당위성과 현실성 두 가지를 놓고 논의해 보죠.

'좌파블록' 구축
혹은 투항

이창우 일단 현실 가능성은 접어 두고 가능한 재편 시나리오를 꼽는다면, 첫째 심상정 같은 대표 정치인들이 개별적으로 야당에 들어가는 것, 둘째 정의당이 새정치민주연합과 합치는 것, 셋째 정의당과 노동당·노동정치연대 등이 합쳐서 새로운 구심을 만드는 것이 있겠죠. 모두 다 가능성이 있다고 가정하고 시나리오만 놓고 판단한다면 어떤 경우가 가장 좋을까요?

이광수 저는 6·4 지방선거 전만 해도 '야반도주형'에 가까운 현상이 일어날 거라고 생각했어요. 그런데 지방선거를 거치면서 그런 현상이 일어날 가능성은 거의 소멸한 것 같습니다. 안철수가 구 민주당보다 더 우측으로 커밍아웃했고, 그의 무능함이 만천하에 드러남으로써 그 가능성이 자연스럽게 사라진 겁니다. 새정치민주연합은 과거보다 더 보수화되었고, 더 오합지졸이 되었어요.

이창우 저는 확신은 없습니다만, 새정치민주연합을 숙주로 삼아 그 속에 왕창 들어가서 힘을 키우고 독자적인 세력화를 모색하자는 의견에 대해서도 진지하게 생각해 볼 필요는 있다고 생각해요. 비정상의 정상화를 위해 비정상처럼 보이는 경로를 선택할 수도 있지 않을까요? 세계 혁명사는 시초부터 마르크스가 말한 프롤레타리아혁명이 아니었어요. 러시아혁명의 노농동맹, 중국혁명의 국공합작 같은 파격적인 시도가 있었습니다. 그 나라의 조건에 따른 것이었죠. 하지만 아무리 양당 체제가 굳어진다고 하더라도 진보정당은 남을 겁니다. 비록 '등대정당'이더라도 장기간 버티면서 새로운 기회를 엿보며 가는 거죠.

저는 정당을 하는 이상 집권을 생각하지 않을 수 없습니다. 자유주의 정당과의 연정까지 열어 놓고 유연하게 움직일 수 있는, 중도좌파적 정체성을 가지는 연합정당이 가장 현실적이라고 생각해요. 복지국가와 경제민주화가 대선의 주요 화두였고, 이제 이윤보다 생명과 안전이 강하게 부각되고 있습니다. 진보정치가 어느 때보다 자기 중심을 갖고 역할을 해야 하는 상황입니다. 따라서 지금 진보정당의 과제는 사소한 차이를 인정한 채 힘을 모아 가는 구동존이求同存異의 정신을 발휘하는 것이고, 그렇게 체력을 키워 강하게 개입해 들어가야 합니다. 진보 교육감이 압도하는 게 지금 대한민국 유권자의 의식입니다. 문제는 우리가 못나서 이 상황을 이끌어 가지 못하는 거예요.

남종석 같은 맥락에서 한 마디만 덧붙일게요. 새정치민주연합으로 들어가 독자적인 블록을 형성하는 것이 어렵다는 사실은 역사적으로 이미 판명됐어요. 아시다시피 전대협 세대들 가운 새정치연합 안에서 좌파블록을 형성하는 게 가능할지?
새정치연합 하는 꼬락서니가 이 모양이라면,
아무리 직업정치를 하고 싶다 해도 정계 은퇴하고 말지……

데 민중운동 진영, 진보좌파로 남아 있는 자주파는 거의 없습니다. 대부분 구 민주당으로 입당했죠. 그들이 독자적인 블록을 형성했나요? 전혀 그렇지 못했어요. 왜냐하면 한국은 인물 중심의 계파정치는 있어도 당 내부의 의견 그룹 형태의 조직은 존재하지 않았거든요.

지금도 계파들은 나름 있지만 끝없이 헤쳐 모여하고 있고, 개인들의 정치적 운명에 따라 좌우되고 있습니다. 이는 민주당에 들어간 진보적 인물들이 독자적인 흐름을 만들지 못하고 있다는 사실이 잘 보여 줘요. 진보 진영이 새정치민주연합에 들어간다면, 인물들 간의 계파 정도만 만들 수 있을 겁니다. 그리고 진보 진영은 그런 인물들과의 인맥정치밖에 할 수 없겠지요.

문제는 진보 진영 자체에도 있습니다. 진보 진영이 지금처럼 무능하고 갈라져 있으면, 우리가 원하든 그렇지 않든 진보 진영에서 정치적 성공을 꿈꾸던 '정치인'들은 새정치민주연합으로 많이 갈 겁니다. 그들도 먹고살아야 하고 정치적 야망이 있으니까요. 진보가 제대로 된 힘을 만드느냐 못 만드느냐가 진보 진영에서 키운 인물들이 계속 여기에 남아 있느냐 떠나느냐를 결정한다는 것입니다. 이것을 진보 진영 활동가들이 좀 새겨들어야 해요.

최희철 제가 보기에는 아직도 새정치민주연합에 정치적으로 미련을 갖고 있는 것 같아요. 저는 진보 진영의 단결이란 보수 양당을 모두 배제하는 패러다임을 가진 진영만의 모임이어야 한다고 봅니다. 물론 최대한 영역을 확대해야겠죠. 하지만 보수양당이 갖고 있는 '지역정치의 기득권'에 기생하는 정치 세력은 최대한 배제해야 하지 않을까요?

이광수 저도 새정치민주연합 안으로 들어가서 좌파블록을 형성하는 게 가능할지 의문스럽습니다. 새정치민주연합이 진보정당을 흡수하든 견인하든, 뭐라도 좀 하려면 최소한의 모양새나 내용을 먼저 갖추어야 하는 것 아닙니까? 진성당원제(당비를 내는 당원이 각종 의결권을 갖는 제도)도 채택하지 않는 그런 보수정당에 들어가서 제대로 힘을 쓸 수 있겠냐는 겁니다. 진보정당이 왜소화되었다 하더라도 새정치민주연합 하는 꼬락서니가 이 모양이라면, 아무리 직업정치를 하고 싶다 해도 차라리 정계 은퇴하고 말지 그 안으로 들어가지는 않겠다는 사람이 대단히 많습니다. 진보정당한테 새정치민주연합 안으로 들어가서 정치 한번 하자는 말이 좀 먹히려면, 그 사람들의 변화도 매우 필요한 조건이에요. 근데 그 사람들은 그럴 의사가 전혀 없어요. 그래도 개인 몇 사람 혹은 상당수가 야당으로 들어갈 수 있겠죠. 야반도주나 투항입니다. 아마 총선을 앞둔 시점에 일이 벌어질 것 같아요. 하지만 저는 그쪽으로 가는 분들께 돌을 던지지는 않을 겁니다. 정치라는 게 구슬을 꿰어야 하는 일이니까요.

이창우 야반도주는 현실적으로 불가능해요. 심상정이든 노회찬이든 당의 리더들이 야반도주를 할 수 있겠어요? 힘들어 할 겁니다. 개별 입당은 모든 기득권을 다 포기해야 합니다. 아무 조건 없이 함께하겠다는 것이니까 뭘 달라고 할 수 없죠. 그쪽에도 사람들이 많거든요. 카드를 가지고 들어가서 흔들 만한 여지도 없이, 헤게모니는 그쪽에서 다 장악하고 있는 상태라면, 어떤 리더가 그런 결단을 내릴 수 있을까요?

최희철 우리 정치판에서 그렇게 갔다가 돌아온 사람이 있나요? 그곳으로 간다는 것은 자신의 삶과 가치관을 모두 바꾸는 것이기 때문에, 그곳에서 생존할 수 있는 논리를 만들어 내려고 할 겁니다. 돌아올 가능성이 있느냐 없느냐를 떠나 완전히 예전과는 단절된 '새로운 유형'이 되어 버리는 겁니다. 그렇게 되지 못하면 그곳에서 도저히 배겨 내지 못할 것이고, 만약 그곳에서조차 실패한다면 정치판에서 완전히 미아가 되어 버릴 테니까요. 가령 친일파들이 일본 사람보다 더 일본 사람이 되려고 하는 것과 비슷하다고나 할까요.

이광수 사실 이제는 죽으나 사나 진보정당 연대밖에 없어요. 그것이 합당이든 연합이든 정책연대든 말이지요.

통합진보당이
진보인가?

남종석 어떤 방식으로든 재편되지 않으면 정의당은 정의당대로 유명무실해지거나 주류 정당으로 흡수될 것이고, 노동당은 서서 죽을 것이고, 그렇게 되겠죠.

이광수 우리 의지나 노력, 희망과 상관없이 결과가 어떻게 될 것 같습니까?

남종석 당분간 각자 그대로 있을 가능성이 가장 높겠죠.

최희철 저는 어떤 방식으로든 통합 시도가 나타날 것 같아요. 그래서 조심스럽게 결론을 내 본다면, 저는 진보적 가치관을 공유하는 사람들이 다시 통합해서 당을 만드는 것은 찬성합니다. 녹색당·정의당·노동당·통합진보당까지 합쳐서 새로운 진보정치를 보여 준다면 국회의원 10석에서 15석은 가능할 것 같아요. 다만, 통합진보당의 예전 방식이 힘을 쓸 수 없어야 해요. 옳고 그름의 문제가 아니라 그런 방식은 이미 낡은 방식이라고 생각하기 때문입니다. 진보가 그런 낡은 틀에 갇혀 있다는 이미지를 대중들에게 보여 주어서는 안 된다고 생각합니다.

이광수 시인의 생각입니다. 그 사람들이 들어와서 어떻게 힘을 못 쓰게 만듭니까?

최희철 주도 세력이 되지 않도록 해야죠. 이제는 몇 번 경험해 본 터라 가능할 것 같습니다.

이광수 어떻게 막습니까? 그 사람들이 주도 세력인데. 그들이 훨씬 힘이 세고 숫자가 많고, 우리는 알거지인데. 세상 모르는 시인의 말입니다. 다들 겪어 보셨잖아요. 저는 통합진보당을 안고 가는 것은 안 된다고 생각해요.

이창우 통합하고 주도권을 주지 않는다면?

남종석 말도 안 되는 얘기입니다. 동력을 이용하고 주도권을 안 준다는 것은 불가능해요.

최희철 통합진보당이 만들어지기 전, 민주노동당의 다수파는 처음엔 진보신당과 국민참여당까지 포함하는 통합을 생각했어요. 하지만 그걸 표면적으로 드러내기는 어려웠습니다. 그때 소수파가 먼저 진보신당과의 합당을 주장했고, 실제로 지역에서 그런 논의가 이루어졌습니다. 하지만 나중에 생각해 보면 그것은 모두 명분을 얻기 위한 '형식적인 절차'였던 것 같아요. 결국 민주노동당과 진보신당의 선통합은 실패했어요. 그 과정에서 민주노동당 다수파와 진보신당에서 합당을 원하지 않았던 분파 내부에서 비이성적 '의심과 적대감'이 드러났습니다. 그리고 그런 방식이 실제로 당내에서 통했죠.
처음엔 진보신당과의 선통합이라는 명분에 밀려, 국민참여당과의 통합 안건이 민주노동당 당대회에서 부결되었어요. 과반수가 통합에 찬성했지만 3분의 2를 채우지 못해 부결되었는데요. 저는 그것이 당시 민주노동당에 내재된 '진보를 열망하는 힘'이라고 생각했습니다. 나중에 훼손되긴 했지만요. 저는 지금의 통합진보당, 진보정의당, 노동당 그리고 더 확대해서 녹색당까지도 진보 혹은 녹색적 가치라는 이름으로 합칠 수 있다고 봐요. 그것이 우리에게 남은 '희망의 끈'이라면 그걸 연결하려고 해야죠. 다만, 통합진보당 자체 혹은 '민족좌파' 세력이 주도 세력이 되어서는 안 된다고 생각합니다. 그들이 못마땅하고 그들을 믿지 못해서가 아니라, 그건 '새로움'이 아닌 '낡은 방식' 같기 때문이에요. 이미 겪어 보지 않았습니까?

이광수 전제 자체가 불가능해요. 진보신당 사람들이 이창우 씨를 왜 그렇게 욕했습니까? 그렇게 당해 놓고 또 희망을 갖고 거기에 들어가려 한다는 것 아닙니까? 저도 진보신당에서 떨어져 나오면서 너무 갑갑했어요. 그 사람들은 정치를 안 하잖아요. 사람 쉽게 안 바뀝니다. 현재 다수의 국민들에게 진보는 저주 세력입니다.

최희철 통합진보당과는 결국 같이 못하겠다는 말씀인가요?

이광수 그렇죠. 통합진보당하고는 같이 못한다는 겁니다. 일은 통합진보당 사람들이 다 하는데…….

최희철 통합진보당이 진보가 아니라면 어떤 세력으로 봐야 할까요?

통합진보당 지도부는 반동적인 집단이에요.
그런데 그 지도부가 진보적인 대중들을 잘 이끌고 있어요.
그게 모순입니다.

남종석 통합진보당은 당원들과 지도부의 입장이 다른데, 지도부는 반동이에요. 통합진보당의 핵심이 '경기동부' 아닙니까? 이들은 자주파 내에서도 좀 컬트 같단 말이에요. 하지만 밖으로 드러난 것만 보면 진보이고 이성적인 집단입니다. 야누스적 면모를 갖고 있는 집단이죠. 그러니까 지도부는 결코 커밍아웃 안 합니다. 가끔 이석기 사태 같은 일이 터지면 공안당국의 조작이라고 떠들죠. 실제 공안당국이 조작도 하거든요. 이석기 사건도 그렇고, 공무원 간첩조작 사건도 있었고요. 그런데 더 중요한 것은, 그 반동적인 지도부가 진보적인 대중들을 잘 이끌고 있다는 겁니다. 그게 모순이에요.

이광수 현실에서 그 사람들이 상당한 힘을 가지고 있죠. 문제는 정의당과 노동당인데, 정의당은 운신의 폭이 있어서 그나마 다행이지만 노동당은 힘들어 보여요.

남종석 저는 좀 다르다고 생각하는데, 2013년 제7기 민주노총 대의원 선거 할 때 세 가지 흐름이 나왔어요. 1차 투표에서 좌파노총과 변혁 그룹을 대표한 이갑용-강진수 조가 224표로 31.5퍼센트의 지지를, 노동운동 내의 경기동부 그룹인 '전국회의’ 계열의 채규정-김용욱 조가 187표로 26.3퍼센트의 지지를, 비통합진보당 자주파 성향인 ‘국민파’와 비진보신당 계열 ‘중앙파’가 연합한 신승철-유기수 조가 288표로 40.5퍼센트의 지지를 받았습니다. 노동운동 내부 자주파의 한 축을 형성하던 ‘국민파’와 중도좌파를 표방하던 ‘중앙파’ 연합이 승리한 것입니다. ‘전국회의’는 노동운동 내부에서 단일 정파로서는 최대 정파입니다. 그러나 이 선거에서 드러났듯이, 이들 지지층은 매우 한정된 표밖에 동원하지 못합니다.

결선투표에서 경기동부 그룹인 ‘전국회의’ 표가 신승철-유기수 후보를 지지함으로써 현재의 민주노총 집행부가 선출됐습니다. 노동운동 내의 자주파 일부가 통합진보당에서 분리하여 ‘중앙파’와 연대하고 있다는 것은 노동운동의 중요한 변화라고 할 수 있습니다. 또한 이갑용-강신수 후보를 지지한 표의 상당 부분도 실질적인 조직표라기보다는 일시적인 표의 흐름이라고 볼 수 있어요. 노동운동도 점차 합리적인 세력이 중요한 영향력을 행사하기 시작한 것입니다. 더불어 통합진보당 계열의 ‘전국회의’ 표가 확장성 없는 제한된 표에 불과하다는 것을 확인했다는 점도 중요한 요소이고요.

이창우 경기동부 ‘왕따’ 전략이었네요?

남종석 적어도 전국회의를 ‘왕따’시키는 데는 합의를 한 거죠. 이 세력을 제거하고 계급적 토대를 만들어야 해요. 민주노총이 80만이거든요. 개나 소나 다 합쳐서 말입니다. 이 틀을 하나 만들어 내는 것이 중요합니다. 그 다음 아까 말씀드렸듯이, 새정치민주연합과 안철수는 기대할 게 없고, 진보좌파가 보편적인 의제를 제대로 만들어 내고 쟁점화시킬 수 있는 능력만 있다면 희망이 있어요. 정책적으로 정교해져야겠죠. 그럼 5퍼센트, 10 퍼센트 지지 정도는 가능해요. 저는 정의당에 대해 매우 비판적이지만 함께하지 못할 세력이라고는 생각하지 않아요. 노동당이 가지고 있는 발들, 민주노총과 노동운동이라는 토대, '민중의 집'·협동조합 등의 다양한 주민자치조직, 거기에 정의당이 가지고 있는 현실정치의 경험이 합쳐져야 합니다. 그래서 적어도 통합진보당을 누르고 캐스팅 보트를 쥐고서 새정치민주연합과 정책적으로 연합해야죠. 대선 등 큰 선거에서는 연대를 하고, 작은 선거에서는 지분을 일정하게 확보하는 방식이 된다면 해볼 만하지 않을까요?

'경기동부'
왕따 전략?

이창우 통합진보당 안에서 경기동부를 주변화시키고 나머지 세력들과 크게 함께 묶는 시나리오도 가능하겠죠. 예를 들면, 통합진보당 혁신비대위 집행위원장이었던 민병렬 같은 사람은 경기동부와 다른 입장을 보였고, 울산연합의 김창현도 통합진보당이 깨지면 안 되니까 경기동부에서 이석기가 사퇴하고 양보했으면 좋겠다는 입장이었어요. 나름대로 현실정치에 대한 판단을 했던 겁니다. 끝까지 안 하겠다고 했던 사람들이 경기동부연합 꼴통들이에요. 통합진보당 지지율이 완전히 가라앉아 버렸으니까, 이래서는 안 되겠다고 생각하는 사람들과 함께 가는 시나리오도 가능하다는 것입니다. 다만, 경기동부와 실질적으로 한몸을 이루는 광주연합이라는 큰 세력을 주변화시킬 수 있을지. 그들로부터 자유로운 세력이 어느 정도 될지는 의문입니다만⋯⋯.

최희철 핵심은 경기동부 세력을 무력화시키는 것인데, 경기동부만 아니라면 어느 정도 가능성은 있지 않을까요? 하지만 사실 저도 이대로 있을 가능성이 제일 높을 것 같긴 해요.

이광수 그렇죠. '이대로 있자'가 아니라 '이대로 있게 되는' 것이죠. 남종석 씨는 정의당, 녹색당, 노동당 세 당과 노동정치연대가 함께 합당하자는 것이죠? 저도 결국 그런 쪽으로 갔으면 합니다만, 그런 일이 현실이 될지는 모르겠습니다.

남종석 일단 합당을 하고, 만약 통합진보당이 경기동부와 분리한다면 같이 해야겠죠.

이창우 저는 그래도 통합진보당까지 포함하는 통합을 가장 우선적으로 선택하고 싶어요. 경기동부와 분리하는 것을 전제로.

이광수 이창우 씨는 인간에 대한 희망을 다시 한 번 걸어 보겠다는 것이죠? 열심히 노력하면 경기동부를 배제시킬 수 있다고 생각하는 거죠.

저는 그래도 통합진보당까지 포함하는 통합을
가장 우선적으로 선택하고 싶어요.
경기동부와 분리하는 것을 전제로 ……

이창우 그럴 수 있다면 가장 좋겠고, 쉽지는 않겠지만 통합진보당을 제외한 진보정당이 통합하는 안을 선택하겠습니다. 그런데 모든 안이 결코 쉬워 보이지 않아요. 지금 현재 조건에서, 그러니까 당 내부 정치가 전혀 이루어지지 못한 상태에서 어떤 선택도 하지 못한 채 그대로 가는 상황이 될 것 같아요.

이광수 통합진보당 갔다가 떨어져 나온 사람들, 그 사람들이 경기동부를 포함한 NL들에게 이를 부득부득 갈았을 것 아닙니까? 마찬가지로 통합진보당에 남은 사람들도 유시민 계열이라면 이를 부득부득 갈고 있을 겁니다. "우리만 부정선거를 한 것도 아니고, 너희도 해놓고 우리한테 덮어씌운 것 아니냐?"라고 하잖아요. 자기들도 살아야 하니까, 명예에 금이 가니까 그렇게 말하는 겁니다. 정말 이를 부득부득 갈아요. 만약 통합진보당까지 포함한 통합이 이루어진다면, 통합진보당 사람들은 더 똘똘 뭉칠 겁니다. 하지만 과연 그들이 동지를 짓밟고, 동지를 버리고 통합에 나설까요? 그 사람들 절대 쉽게 볼 사람들이 아닙니다. 정말 무서운 사람들이에요. 새누리당하고 비슷해요. 절대 경기동부 배제 못 시킵니다.

이창우　저도 그 가능성에 대해서는 굉장히 회의적이에요. 그래도 정성희나 권영길 같은 분들이 중간에서 조정하는 역할을 해 줄 수도 있지 않을까요?

이광수　정성희도 지금 거기서 거의 밀려났어요. 정성희나 권영길 모두 통합진보당에서 일찌감치 나와 버렸는데, 두 사람이 무슨 역할을 하겠습니까? 권영길 씨는 정치는 물론이고 통합운동도 할 필요 없어요. 저는 지금 이 사태가 권 대표의 노욕에서 비롯됐다고 보기 때문에……. 그리고 사실 이 난리 판국에 영향력도 없다고 봅니다.

최희철　저는 이창우 씨와 생각이 조금 다른데, 지금의 경기동부를 비롯한 통합진보당의 여러 그룹들이 여태까지 많은 사건을 겪지 않았습니까? 그러면서 그들도 내·외부적으로 많은 변화가 있었을 것입니다. 그래서 통합이 되면 옛날 방식, 우리가 예상하는 안 좋은 방식대로는 절대로 못할 것 같아요. 그렇게 하면 힘도 떨어지고, 동력도 떨어지고, 여러 가지 시행착오를 겪었으니까 완전히 개과천선하지는 못하겠지만, 자기들 마음대로 밀어붙이지는 못할 거예요.

이광수　저는 정반대로 생각합니다. 물에 빠져 죽을 놈을 건져주면 보따리 내놓으라고 해요. 사람이라면 다 그렇게 합니다. 인간의 심리가 그래요. 굶어 죽기 일보 직전인데 숙주가 들어오니 얼마나 좋겠습니까? 정의당 숙주들이 들어오는데.

최희철 증오의 뿌리가 깊네요. 정치 역시 생물체처럼 주변과 적응하면서 존재하는 것인데…….

이광수 증오가 아닙니다. 저는 그 사람들과 직접 싸워 본 적이 없기 때문에 증오의 뿌리라고 할 게 없어요. 다만 냉정하게 볼 뿐입니다. 주관적 견해가 아니에요. 객관적으로 봤을 때 보통 사람들이 아니라는 거지요. 그 사람들은 우리가 생각하는 이성을 갖고 있지 않아요. 완전히 종교인이에요.

최희철 '이석기 사건'은 그들이 벌일 수 있는 최악 그리고 최후의 사태였다고 생각해요. 그 사태가 만들어 낸 결과가 무엇이냐면, 철저하게 그들만 남겨졌다는 겁니다. 그들은 보여 줄 수 있는 '불꽃쇼'를 다 보여 줬어요.

이광수 한 마디만 더 할게요. 조용기 목사가 130억이라는 어마어마한 돈을 횡령 배임했단 말입니다. 그 꼴을 도저히 못 참겠다고 일어선 의인들이 별의별 쇼를 다하고, 조용기의 치부를 드러내고 드러내고 또 드러내도, 조용기를 믿고 따르는 사람들이 그 세력에서 멀어집디까? 역사에 그런 일은 없습니다. 그런 것이 '이데올로기'예요. 객관적으로 비합리적이라는 것이 분명하게 드러났는데도 계속 사고를 지배해요. 그 사람들은 제가 볼 때는 절대로 거기서 헤어 나오지 못해요.

최희철 자기들끼리 있을 때와 다른 환경에 처했을 때는 달라질 수도 있지 않을까요?

이광수 다른 환경 속에서는 더 공격적으로 생각할 수 있어요. 저 사람들 숙주로 삼아서 잡아먹자, 우리가 핍박받은 지난 세월 동안 얼마나 서러웠나, 그렇게 발톱 감추고 있을 겁니다. 아마 이 전략의 가능성이 커요.

자주파는 죽지 않는다,
절대

남종석 그런 문제는 고민할 필요가 없다고 봐요. 우리가 지금 통합진보당에 개입할 여지가 없어요. 그들 스스로 어떻게 할 것인지의 문제죠. 같이할 것인지, 안 할 것인지 판단하는 데는 부산울산연합이 중요한 변수가 되겠죠. 현실적으로 연대를 제안할 수 있는 세력이 부산울산연합인데, 만약 부산울산연합이 통합진보당 깨고 경기동부와 분리해서 오겠다고 하면 같이하면 됩니다. 그러나 그들은 절대 그렇게 안 해요. 자주파 동지들끼리 한솥밥 먹은 역사가 있는데 말입니다.

이광수 안 하는 이유가 뭘까요?

남종석 자기들끼리 살아남을 수 있다고 생각하니까요. 그러니까 이러쿵저러쿵할 게 없어요.

최희철 민주노동당 때 진보신당과 통합 논의가 있지 않았습니까? 국민참여당 계열과도 통합 논의가 있었고요. 그때 통합에 찬성하는 사람들 중 많은 사람들이 통합이 되면 자주파의 힘이 많이 약화될 거라고 했어요.█ 여러 사건을 겪어 왔던 터라 당 대 당 결합을 하면 자주파의 힘이 약해질 수밖에 없다, 여러 세력이 모이면 자주파가 옛날처럼은 못할 거라고 판단한 것이죠. 특히 경기동부를 완전히는 아니지만 어느 정도는 무력화시킬 수 있다고 생각해요.

이광수 증명할 수는 없지만 제 인생 신조가 사람은 안 바뀐다는 것입니다.

최희철 그들이 하고 안 하고의 문제라기보다 그들이 하고 싶어도 할 수 없게 된다는 겁니다. 민주노동당·통합진보당을 거치면서 그들도 바뀌었고, 바뀌지 않을 수 없기 때문입니다.

이광수 좀 떨어져 있다 보니 경기동부 하는 짓을 또 잊어버려서 그런 말씀을 하는 거예요.

남종석 그렇지는 않아요. 제일 큰 변화 중 하나는 인천연합이 자주파의 입장을 견지하면서도 경기동부와 분리한 것입니다.

█ 이와는 정반대로 당시 민주노동당 경기동부는 '국민참여당 별 거 없다. 그들과 통합하더라도 국민참여당 정도는 제압할 수 있다'는 논리로 국민참여당을 포함하는 3자통합을 주장했다.

이것은 자주파도 진화한다는 것을 보여 주는 거예요. 우리 운동 사에서 중요한 사건이죠.

이광수 몇 명이나 된다고 그럽니까?

남종석 그렇게 과소평가할 수 없어요. 인천 지역에서 인천연합이 갖고 있는 지분은 대단합니다. 10년 전만 하더라도 인천연합은 자주파 내에서 최대 조직이었어요. 전농(전국농민회총연맹)에도 영향력을 갖고 있고요. 앞서 말했듯, 통합진보당 분열 때 김창현이 이끄는 울산연합과 경기동부 사이에서 이견이 생긴 것도 중요한 지점입니다.

최희철 민주노동당이 통합진보당이 될 때도 이견은 있었습니다.

남종석 더불어 민주노총의 비통합진보당계 정파들이 연합전선을 펴고 있는 것도 중요한 변화입니다. NL 출신 중 몇 그룹이 참여하고 있는데, 이들은 경기동부처럼 하면 운동 전체가 망한다는 위기의식을 갖고 있는 것 같아요.

이광수 좋아요. 경기동부를 주변화시키는 것이 진보 통합의 전제조건이다, 그렇게 가야 한다면 녹색당과 정의당과 노동당이 똘똘 뭉쳐서 한패가 되어서 아주 뱀 같은 생각을 가져야 할 겁니다. 그게 쉬운 일이 아니라는 겁니다. 이창우 씨는 당사자로서 해볼 만합디까?

그러니까 다들 한번 더 깨져 봐야 해요.
자기 당만으로는 살 수 없다는 것을 알아야 됩니다.

이창우 노동당·정의당·노동정치연대, 3주체가 우선 통합을 해야겠죠. 그 다음 통합진보당을 넘어서는 정치적 대표성을 가져야 합니다. 그러면 비주사 NL이 결합할 수도 있다고 봐요.

이광수 그런 세력이 들어오려고 하면 같이해야 된다는 것이죠?

이창우 민주노총에도 비주사 NL이 폭넓게 포진되어 있는데, 아예 평등파라고 선을 그어 버리면 반쪽짜리밖에 안 되겠죠. 그들까지 폭넓게 끌어안아야 합니다. 통합 세력의 정치적 실력이 통합진보당을 넘어서서 진보의 대표성을 갖게 되면, 김창현처럼 지역에서 현실정치를 계속 해야 하는 사람들을 끌어올 수도 있다는 것입니다.

이광수 그들이 지금 통합진보당을 버리지 않는 것은, 현재 대체할 만한 진보정치의 주체가 없기 때문이라는 말씀이네요. 그럼 한 번에 '원샷'으로 통합할 가능성은 거의 없다고 봐야겠죠?

최희철 정치라는 것이 어떻게 될지 예측하기 어려우니까 각 당의 처지가 원샷 통합이 필요한 상황이 된다면 그럴 수도 있지 않을까요?

남종석 그렇지 않아요. 현재 그럴 가능성은 없다고 보는 게 편할 것 같습니다.

최희철 그러니까 다들 한번 더 깨져 봐야 해요. 자기 당만으로는 살 수 없다는 것을 알아야 됩니다.

남종석 통합진보당은 지지율 4~5퍼센트 정도만 나오면 그대로 갈 거예요.

최희철 그렇겠죠. 지금의 통합진보당 세력은 국회의원 서너 명, 다섯 명만 나오면 계속 자기들 방식을 고수하면서 가려고 할 겁니다.

남종석 통합진보당은 지역구에서는 절대 당선 안 됩니다. 비례대표 의원만 가능할 텐데, 기껏해야 두 석, 많으면 세 석 정도 아닐까요?

이창우 통합진보당은 지역구에서 이제 나올 데가 없어요.

남종석 두 석만 나와도 그 사람들은 살아남아요. 조직을 가지고 있고, 움직이는 사람도 있으니까.

이광수 한 석만 나와도 살아남습니다.

최희철 한 석만 있어도 거기에 몰입하게 되거든요.

이광수 한 석도 안 나와도 열심히 살아남아요. 그 사람들 절대로 안 죽어요.

정의당과 노동당이
합칠 가능성

최희철 통합진보당은 그렇다 쳐도, 진보정당 연대와 통합에서 현실적으로 가장 큰 문제는 정의당과 노동당이 합칠 가능성이 없다는 것 아닌가요?

이광수 저도 어렵다고 봐요. 조사는 해 보지 않았지만, 정의당 당원 대다수가 노동당을 믿지 않을걸요? 그래도 6·4 지방선거를 지나면서 보니까 적어도 부산에서는 그런 분위기가 많이 사그라진 것도 같고, 노동당 쪽에서는 '정치'의 필요성을, 정의당 가운데 개혁당 출신들은 '노동'의 필요성을 서로 인식하면서 중간에 만날 수도 있을 것 같다는 느낌이 들긴 합니다만……

최희철 노무현을 열렬히 지지했던 사람들은 노동당을 안 좋아하는 것 같아요.

남종석 정의당 대의원 가운데 인천연합 지분이 과반수에 조금 못 미칩니다. 새진보통합연대의 지분이 약 20퍼센트이고요. 그래서 민주노총을 껴야 하고, 노동당이 적극적으로 결합만 하면 같이할 수 있다고 봅니다. 민주노총이 움직이면 인천연합도 움직일 거예요. 새진보통합연대는 좀 갈리는 분위기지만, 참여계도 민주노총이 적극 지지하면 함께할 것 같아요.

최희철 정의당 내부에 있는 실세의 힘으로 밀어붙이면 가능하다?

남종석 당연히 할 수 있습니다. 정의당은 통합을 위한 의사결정이 대의원대회 50퍼센트예요. 통합과 관련하여 인천연합과 새진보통합연대, 이 두 흐름만 함께해도 과반수를 넘을 수 있어요. 실제로 당 대 당 통합이 추진될 경우, 정의당은 그렇게 큰 걸림돌이 되지 않을 겁니다. 오히려 문제는 노동당이에요. 노동당은 대의원 3분의 2 이상의 지지가 있어야 통합과 관련한 의사결정을 할 수 있는데, 노동당 대의원의 3분의 2가 지지할 가능성이 거의 없어요.

최희철 정의당에서 그런 방식으로 하면 당은 합쳐질지 몰라도 깨져 나가는 부분도 분명 있을 겁니다.

이광수 천호선이 노동을 한 축으로 삼겠다고 했던 말은 정치적 수사에 불과할 것이고, 자기가 끌고 있는 지분이 빠져나간다면 과연 노동당하고 합치자고 앞장설 수 있겠습니까?

남종석 천호선을 너무 과소평가하시는 것 아닙니까? 유시민과 지금은 차라리 전략적 좌향좌가 필요하다고 해요.
노동당과 같이 뭉쳐서라도
어려운 시간을 견뎌 내고 돌파해야 한다는 취지죠.

천호선 등 참여계는 한 축은 노동, 다른 한 축은 시민으로 진보
정당의 틀이 만들어져야 한다고 했습니다. 그것이 개혁당의 노
선이었어요. 참여계가 민주당으로 결합하지 않고 정의당으로
결합하면서 했던 이야기들이죠. 그 노선을 지금도 일정 부분 유
지하고 있다고 저는 봅니다.

이광수 그게 지금 정의당 아닌가요?

남종석 통합진보당에서 나오면서 참여당 계열은 민주당에 있는
노무현 세력에 투항하지 않았어요. 인천연합, 새진보통합연대
와 함께 정의당을 지켰거든요. 안철수로 가거나 민주당으로 가
지 않고 정의당을 만들었단 말입니다. 이것이 새진보통합연대
사람들이나 인천연합 지도부에서 천호선이 정의당 대표로 나오
는 것을 반대하지 않은 이유라고 봐요. 적어도 진보적인 색채를
유지하는 것에 대한 신뢰가 있었던 겁니다. 물론 노동당이나 노
동정치연대, 민주노총과 함께 간다고 하면 정의당에서 나가는
사람들이 있겠죠. 하지만 중요한 흐름은 따라갈 거라고 봅니다.

이창우 정의당은 굉장히 잠정적인 정당이에요. 원래 통합을 강

하게 지향했던 세력입니다. 통합을 하려고 했던 이유는 진보신당과 참여계·자주파까지 3주체가 통합을 하면, 원내 교섭단체까지 꾸리는 천하삼분지계를 이루고 도약할 수 있는 계기를 만들 수 있다고 본 것이죠. 물론 가치를 포기하지는 않지만, 세력을 굉장히 중시하는 입장이었어요. 그런데 통합이 실패로 돌아가고 나니까 부스러기가 되어 버렸어요. 통합을 지향하는 에너지가 모였는데 지금은 많이 희석되었어요. 의기소침해진 거죠. 그래도 정의당은 "우리끼리 살래" 이런 생각은 없어요.

이광수 권력의지가 강한 사람들입니다. 그런데 그 사람들이 노동당과 함께할까요?

이창우 그건 또 다른 문제예요. 제 말도 모순이 있습니다만, 중간에 집권이라는 목표가 흐려지면서 정의당에서도 변화의 기운이 돌고 있어요. 정의당 선수들을 만나 보면 전략적 좌향좌 과정이 필요하다는 이야기를 많이 합니다. 얼마 전까지만 해도 전략적 우향우 내지는 현실주의적 좌파정치를 강조하던 친구들이 지금은 차라리 전략적 좌향좌가 필요하다고 해요. 노동당과 같이 뭉쳐서라도 어려운 시간을 견뎌 내고 돌파해야 한다는 취지죠. 바닥에서부터 다시 시작하자는 겁니다. 그리고 노회찬 전대표는 기본적으로 진보정당주의자거든요. 심상정 씨와는 약간 달라요. 심상정은 정치적 지향과 권력의지가 강하고, 노회찬은 안 하면 안 했지 자기 색깔을 버리고 갈 수 없다는 정치 스타일이죠. 하지만 전체적으로 정의당 내부가 굉장히 복잡해서, 통합을 비롯한 전망 논의를 터놓고 충분히 말하기가 어렵습니다.

6·4 지방선거 전에 정의당에서 송재영 최고위원과 임승철 경기도당 위원장이 탈당해서 안철수한테 가지 않았습니까? 문제는 정의당 내에서 그런 사람들에 대한 비판의 원칙이 작동하지 않았다는 거예요. 이것은 당에 대한 충성심이 약하다는 반증이죠.

이광수 정의당 자체가 통합을 위한 정당이니까.

최희철 통합을 향하는 과정 중에 있기 때문이겠죠.

이창우 그런 과정에 있으니까, 안철수한테 가는 것도 하나의 선택지일 수 있다고 생각하는 것이죠.

이광수 '잘만 되면 나도 갈까?' 그런 생각이겠죠.

이창우 예를 들어 박용진, 최병천이 민주당에 들어가서 활동하는 것에 대해서도 배신자라고 얘기하는 사람이 많지 않아요. 정의당에서는 그럴 수도 있다는 식으로 받아들이는 분위기예요. 옛날 같으면 있을 수도 없는 일이고, 저런 변절자가 어디 있냐고 펄펄 뛸 일인데 그렇지 않다는 겁니다. 정의당은 잠정적 정당의 성격이 굉장히 강해요. 이렇게도 갈 수 있고, 저렇게도 갈 수 있는 거죠. 아까 말했듯이, 전략적 좌향좌가 필요하다는 사람도 있고, 안철수와 연대해 실질적인 권력에 접근하면서 두 번의 꺾임을 통해 도약해 보자는 정치공학적 판단을 하는 사람도 있고요. 다양한 입장들이 동시에 존재하고 있습니다.

최희철 이창우 씨 본인 생각은 어떤가요?

이창우 굉장히 힘든 문제입니다. 어쨌든 이것이 현실이 되어야 할 것 아닙니까? 깃발만 든다고 해서 되겠습니까? 저도 예전에는 통합하자는 주장을 했습니다. 진보신당 때는 비교적 뚜렷한 목소리를 냈죠. 민주노동당과 같이해야 한다, 개혁당까지도 같이해야 한다고 했습니다. 그러면 일단 당 안에서 욕을 먹는 거예요. 하지만 그것이 현실이 된다면, 현실적인 힘을 모아서 추진된다면 의미를 가질 수 있습니다. 지금처럼 담론만 놓고 떠드는 것은 아무 힘도 없어요.

이광수 이제야 이창우 씨가 정치인이 되어 가는 것 같네요. 그전에는 무슨 정치인이 말을 그렇게 자신 있게 하는지. 정치인은 모름지기 말을 애매모호하게 해야 합니다.

최희철 이창우 씨 말씀을 들으면 마음속으로는 어디든 갈 준비를 하고 있고, 당 분위기를 설명하는 것도 마치 다른 사람들의 견해인 것처럼 말씀하시네요.

남종석 함부로 이야기하다 박살나죠. 저도 말 좀 줄여야 하는데, 제 말이 나가면 어떻게 될지 감당이 안 돼요.

이광수 어쨌든, 여러 가지 길 중에서 그나마 현실 가능성이 가장 높은 것은 통합진보당을 제외한 진보정당 통합인 것 같네요.

최희철 딱 한 가지만 해결되면 가능합니다. 노동당만 결의하면 돼요. 노동당의 지역활동가들도 상당수 동의할 것 같은데요.

이광수 그러다 다 같이 죽는 건 아닐까요?

최희철 가능성이 높을지는 몰라도 정치적 파괴력은 덜 하죠.

이광수 남종석 씨는 정말 노동당과 정의당이 합치고 노동정치연대와도 같이하면 힘이 될 수 있다고 보십니까?

남종석 노동정치연대는 정당으로서의 능력은 거의 없어요. 조합원이 결합된 정치조직과 명망가들 중심으로 구성되어 있죠. 그러나 노동정치연대는 민주노총 지도부와 결합되어 있어요. 이건 중요한 힘입니다.

이광수 사실 정치 전략상으로만 보면, 민주노총 지도부와 결합될수록 표는 떨어집니다. 이른바 운동권들이 웃기는 것 중에 하나가 이런 거예요. '진보교연'('진보정치 세력의 연대를 위한 교수·연구자 모임')이라는 단체가 있어요. 실질적으로 활동하는 사람은 10여 명 이쪽저쪽이고 회원이라고 막 집어넣어 봤자 100명 정도 될까요? 명망가 중심으로 활동 한 번도 하지 않는 사람들로 채워진 그런 단체가 진보 진영 통합 논의에서 중요한 한 축으로 등장하더라는 겁니다. 2011년 말 이후 통합진보당 창당 논의 과정에서 진보교연이 주요 여덟 개 단체 가운데 하나로 참여했어요. 정말 짜증나는 일입니다. 말이 안 되죠. 이런 짓을 하면 안 돼요. 노동정치연대도 마찬가지입니다. 다 해 봤자 몇 명이나 되겠습니까? 그런데 그 사람들이 하나의 주체로 진보 진영 통합 논의에 참여하면서 "우리도 함께한다"고 내거는 것은 진보에 대한 배신입니다. 명망가가 이끄는 것을 진보운동이라고 하면 안 됩니다. 그건 개인의 집합일 뿐이에요.

최희철 새겨들어야 할 이야기 같아요.

이광수 어떻게 정의당, 녹색당 같은 큰 세력과 100명 정도도 안 되는 노동정치연대가 동급의 대표자 자격으로 통합 논의에 참여합니까?

남종석 그렇지 않아요. 너무 운동 진영을 과소평가하시는 것 같습니다.

이창우 그것이 일종의 푯대, 상징이 될 수 있겠죠. 실질적으로 조직이 갖고 있는 쪽수가 많지 않다고 하더라도, 그것이 지렛대 역할을 해서 다른 부분을 불러올 수 있어요.

남종석 예컨대 이런 겁니다. 민주노총 조합원들이 정당기부금 세액공제를 받지 않습니까? 그들이 내는 정당기부금을 끌어오는 대의원들이 운동 조직들과 결합되어 있어요. 그런 조직들이 함께하면, 노조 전체를 우리 쪽 방향으로 확실하게 끌어올 수 있어요. 그런 것들이 현실적인 토대라는 거죠.

이광수 그렇게 끌어올 수 있는 사람이 많다 하더라도, 더 중요한 것은 다른 데 있습니다. 그분들이 아무 역할도 하지 못하는 무능하고 나쁜 사람이라는 의미가 아니라 비정치적이라는 겁니다. 운동가로서 정말로 존경하고 훌륭하다는 것을 인정해요. 하지만 정치에서는 당장 새누리당의 5퍼센트를 가지고 와야 정권을 잡을 것 아닙니까? 우리는 밑바닥에서 2퍼센트를 못 벗어나고 있는데, 한 지역구에서 모든 진보 세력을 다 끌어모아서 새로운 신당을 만들고 전부 달려들어도 그 지역에서 이기지를 못하는데, 무슨 의미가 있겠어요?

새로운 통합진보정당을 꾸리자

이창우 저는 녹색당이 궁금합니다. 노동당과 정의당, 가능하면 녹색당까지 들어온다면 좋을 텐데 가능할까요?

최희철 개인적으로 합류할 수 있겠지만, 녹색당 전체는 어려울 겁니다. 저는 녹색당에서 '적록赤綠동맹'을 해야 한다는 입장이지만, 기존의 녹색당 사람들은 '적' 소리를 듣는 순간 뒤집어져요.

이광수 '적' 하는 순간 빨갱이, 아웃이죠. "김정일, 김정은 개새끼 해봐요" 하고 똑같은 상황일 겁니다.

최희철　일부이긴 하지만 녹색당에선 '정치적'인 것 자체를 부정적으로 보는 시선이 있는 것 같아요. 그게 아직도 완벽하게 걷히지는 않았어요. 하지만 저는 지금은 부산 녹색당에서 민주노동당의 과격한(?) 이미지도 완전히 벗고, 이제는 자유로운 영혼을 가진 시인 혹은 긍정적인 인간으로 나름 인정받고 있어요. 무슨 말이냐 하면, 지금은 제가 조금 진보적 견해를 밝혀도 거부감을 갖는 녹색당원들이 거의 없다는 말입니다. 선입견은 많이 사라졌다고 할 수 있어요. 예전에는 제가 민주노동당, 빨갱이, 김정일 이렇게 연결되는 사람이었는데, 지금은 그렇게 보는 눈이 거의 없어진 것 같다는 말입니다.

이광수　진보정당이 우여곡절 끝에 통합을 하더라도 성과를 거두어야 희망이 보일 것이고, 그래야 우리를 좀 지지해 줄 거 아니겠습니까? 결국 어느 길로 가든 실력을 쌓는 게 중요할 겁니다. 그 실력이란 결국 지지율을 높이는 것이잖아요. 그러려면 정치 물 먹어 본 사람들 다 거두어서 세를 키우는 것이 당연한 일이고, 일반 대중의 눈높이에서 보면 진보와 보수 중간에 있는 이른바 '합리적 보수'라는 사람들을 끌어와야 하는데, 과연 그게 바람직한 일인지 의문이 제기됩니다. 6·4 지방선거를 보더라도 부산에서 진보성이라고는 눈곱만큼도 없는 장제국 총장 같은 사람을 안철수 쪽에서 모셔 가려고 했어요. 결국 그것조차 실패하고 오로지 세만 불리려고 한나라당-새누리당 출신 정치낭인들을 긁어모으다 보니 참신성을 완전히 잃고 거품이 꺼져 버리지 않았습니까? 결국 우리 입장에선 대중화보다는 진보의 내실을 추구하는 게 더 우선일 것 같은데, 그러다가 모든 선거에서

대중화보다는 진보의 내실을 추구하는 게
더 우선일 것 같은데. 그러다가 모든 선거에서 전패하고
그냥 사라져 버리지 않을까 두려운 것이죠.

전패하고 그냥 사라져 버리지 않을까 두려운 것이죠. 현재로서
는 뾰족한 수가 없어요. 정당명부제 도입 같은 선거 체계 개편
이 없는 한.

이창우   오거돈도 마찬가지에요.

이광수   오거돈은 그나마 진보적인 요소가 눈곱만큼이라도 있
죠. 그래도 노무현 물을 조금이라도 마셨으니까. 그런데 장제국
총장 같은 사람은 도저히 받아들이기 어려워요. 그래도 그런 사
람들을 당겨 와야 보수를 끌어모아 힘을 쌓을 수 있다는 논리도
전혀 틀린 것 같지 않고, 그렇게 하지 않고 어떻게 현실정치를
뚫고 나갈 거냐고 하면 고개가 끄덕여지기도 해요. 하지만 보기
힘든 꼴을 보면서 정치를 해야 하는 괴로움은 어떻게 합니까?
말도 안 되는 인간이 들어와서 최고위원이든 뭐든 한자리 맡을
때 손을 들어 주는 제 모습을 상상해 보면 피눈물이 나는 겁니
다. 새누리당은 자기들 나름대로 정치를 잘하고 있는데, 야당은
아무 일도 하고 있지 않아요. 무능하죠. 새정치민주연합도 그렇
고 진보도 무능합니다.

최희철 저는 현재로선 녹색당에 뼈를 묻는 게 좋을 것 같아요, 그걸 기반으로 정치적 기반이나 생각들을 조금씩 확대시키는 게 좋을 것 같다는 생각이 드네요. 가령 진보정치 전체에 어떤 변화가 있을 경우 제가 녹색당에서 조심스럽게 그 변화에 대해 이야기를 나눌 수 있는 사람이 되었으면 좋겠습니다.

이광수 그래서 우리가 권력을 못 잡는 겁니다.

남종석 지금 박근혜가 워낙 개판이에요. 어차피 개판이라서 박근혜 정부는 할 게 하나도 없어요. 계속 민영화 타령이나 하고 종북몰이로 끌고 가겠죠. 거기에 대한 피로감이 있어요. 이번에는 세월호 사태도 있었죠. 현 정권은 완전 엉망진창에다가 실력도 없어요. 거기다가 박근혜 대통령은 인민주의자들처럼 그럴 듯한 연기도 못 해요. 패션쇼 말고 할 수 있는 게 진짜 아무것도 없거든요. 그러니까 기회는 열리고 있다고 봐야 해요.

이창우 이광수 씨는 노동당, 정의당, 녹색당 3당이 통합해도 다음 총선에서 1퍼센트 이하 지지밖에 못 얻을 거라고 비관적으로 전망하시는 것 같아요.

남종석 저는 전혀 그렇게 생각하지 않아요.

이광수 중도에서 누가 얼마나 통합진보신당에 표를 줄까요? 딱 그 당원들 밖에 없죠. 외부 사람들 중에 누가 줍니까? 세 당은 있어도 없어도 별로 대세에 영향 못 준다고 봅니다. 한강에서

물 한 모금 퍼내는 겁니다.

남종석 3당 통합이 이루어진다면 총선 때 새정치민주연합과 선거연대해서 일대일로 후보를 조정할 수 있고, 통합진보당은 전략 지역을 골라서 후보를 출마시키거나 아니면 전국에서 다 후보를 낼 수도 있어요.

이광수 새정치민주연합이 진보 진영이랑 선거연대한다고요? 6·4 지방선거를 보면 쉽지 않을 것 같습니다. 인천이나 울산 혹은 경남 등 진보 진영이 상당한 세를 형성하고 있는 곳에서는 지역 차원에서 연합을 할 수도 있겠지만, 안철수 세력이 정치 낭인들을 긁어모은 데다가 전국적으로 공천이나 연대를 통제할 만한 힘이 없습니다. 새정치민주연합이 이렇게까지 무기력하고 무능한지 미처 몰랐습니다.

남종석 통합진보당을 빼고 우리가 통합했을 경우에는 새누리당과 일대일로 붙어 볼 만한 지역구를 한두 개는 받을 수도 있어요. 특히 부산 지역은 그래요. 지역구에서 한두 개 받을 수 있고, 그러면 정당 지지를 통합진보당과 비슷하게 받는다 해도 의석은 통합진보당보다 많을 수 있어요. 국회의원 선거에서는 통합진보당을 이길 수 있는 가능성이 있다는 겁니다. 통합진보당도 못 이긴다면 정당 접고 운동 해야죠.

이광수 통합진보신당을 꾸렸다고 가정하고, 국회의원 선거에서 통합진보신당이 통합진보당을 이긴다면 그건 정의당의 몇몇 선수들 덕분일 겁니다. 심상정, 노회찬, 천호선 정도의 선수들이 있으니까 그나마 가능한 것 아니겠습니까? 그렇게 볼 때 노동당은 어떻습니까? 가능성이 조금이라도 있는 곳이 있나요?

남종석 거제가 있고, 세액공제 정당기부금 10만 원을 몰아 주는 노동조합도 있죠. 물론 노동당 혼자서는 별반 힘을 못 쓰겠지만 말이에요.

뱀같이 교활하게,
그러나 인간을 잃지 않는

이광수 거제를 생각하면 너무 안타까워요.█ 그 좋은 기회에서 지다니……. 거제에서와 같은 안타까운 일이 또 벌어져서는 안 될

█ 2012년 총선에서 진보 진영은 단일화 과정을 거쳐 거제에서 민주시민후보로 김한주 후보를 선출한다. 선거 구도는 현 새누리당 후보, 김한주 진보신당 후보, 무소속 김한표 후보의 3파전이었다. 선거 결과는 무소속 김한표가 박빙의 승부에서 진보신당 후보인 김한주 후보에 앞섰다. 새누리당 후보를 제쳤지만 무소속 후보에 패배함으로써 진보신당은 원내에 진출할 수 있는 절호의 기회를 애석하게 놓쳤다. 진보신당은 당시 당 지지율도 1.13퍼센트밖에 나오지 않아 국고보조금을 받을 기회조차 상실하게 된다. 2010년을 경유하며 진행된 통합 논의 과정에서 당의 명망가들이 통합진보당을 결성하기 위해 탈당하는 과정에서 진보신당의 힘은 매우 약화되었다. 또한 2012년 총선에서 당 지지율이 2퍼센트에 못 미치면서 국고보조금을 받는 대상에서도 제외되며 재정적으로도 조직적으로도 위축된다. '노동당'이라는 당명은 그 이후 당대회에서 선택된 것이다.

겁니다.

자, 이제 토론을 마무리할 시점입니다. 각자 조금 더 하고 싶은 말이 있으면 한 마디씩 하죠. 제가 먼저 할게요. 저도 꼭 하고 싶은 말이 하나 있습니다. 할까 말까 머뭇거렸는데 그냥 하겠습니다. 통합진보당에 관한 이야기입니다. 저는 "너희들 당 해체하고, 조직 다 포기하고 뿔뿔이 흩어져 제3지대에서 다시 만나 함께 가자"라는 말을 꼭 하고 싶습니다. 그들이 이런 제안을 들어줄 리 만무해서 안 하려고 했는데……, 비현실적인 제안으로 물의를 일으킬 필요는 없으니까요. 그래도 그들의 열정과 헌신, 그게 진보정당에 꼭 필요하거든요. 우리는 그들만큼 그렇게 열정적으로 헌신적으로 하지 못해요. 그게 꼭 필요하지만, 그들이 당을 해체하지 않고서 그들과 함께할 수는 없어요.

사실, 통합진보당의 문제는 북에 대한 관점도 문제지만, 그보다는 일종의 '팬덤 현상', 당내 민주주의의 부재, 무조건 승리, 정파 패권주의 이런 게 더 피부에 와 닿는 문제거든요. 같이 당을 해 본 사람들은 다 아는 이야기잖습니까? 그래서 그들이 스스로 이런 문제를 일소하고, 즉 당을 해체하고 그들이 가진 장점을 살려 함께했으면 좋겠다는 겁니다. 비현실적이지요? 그래도 그렇게만 된다면 진보정당이 캐스팅 보터로서의 힘을 진짜로 만들 수 있지 않겠습니까?

이창우 패러다임을 완전히 바꿔야 해요. 이윤을 과적하고 안전과 생명의 평형수를 모두 빼 버리는 이런 자본주의는 전복될 수밖에 없어요. 300여 명이 수장되는 걸 실시간으로 지켜본 엄청난 사건이 세월호 참사였습니다. 우리 국민들에게 6·25 전쟁에

버금가는 정신적 외상을 안겨준 사건이라고 합니다. 이런 세월
호 사건에 대해 여야가 국정조사 정도로 '땜빵'하고 정리하도록
내버려 둬서는 안 됩니다. 국정조사가 아니라 국가 개조를 해야
죠. 1년이 걸리든 2년이 걸리든 사건의 원인을 총체적으로 진단
하고 법과 제도를 정비해야 합니다. 그런 일을 진보정당이 집요
하게 물고 늘어져야 해요. 진보정당의 슬로건이 '사람이 먼저다'
였어요. 이윤보다 사람이 먼저라는 국정철학이 자리 잡을 수 있
도록 진보정당이 역할을 해야 합니다.

새정치민주연합이 아무리 무능하고 운동성이 없어도 그들은 제
2당이라는 지위만으로도 진보정당의 더 훌륭한 후보들을 제치
고 당선됩니다. 정당이 그런 겁니다. 운동 아무리 잘해도 권력
적 지위를 가진 정당과는 질적으로 다릅니다. 우리가 왜 정치
세력화를 외쳤습니까? 노동법 개악 저지 파업 열심히 했지만,
결과는 비정규직 양산의 문이 활짝 열렸습니다. 아무리 열심히
싸워도 결국 입법은 정당의 국회의원들 손에 달려 있는 것이 국
가 운영 원리입니다.

정당의 당원이 대중운동에 참여하고 대중운동을 이끄는 것은 미
덕입니다. 진보정당의 당원은 다양한 대중운동 영역에서 활동해
야 합니다. 풀뿌리와 튼튼히 결합되어야죠. 그 속에서 끊임없이
당원이 충원되고 관계망도 튼튼해집니다. 그런데 정당 그 자체
가 사회운동단체처럼 활동해야 한다고 강요하는 건 적절하지 않
다고 봅니다. 정당은 다양한 사회운동을 지원하되 그 자체가 사
회운동단체는 아닙니다. 정당이 해야 할 일은 권력을 두고 다투
는 일입니다. 자기 지지자들의 이해와 요구를 정책화하고 지지를
확대하고 공직 후보를 발굴해 육성하고 표를 모으는 일이지요.

사과할 건 사과하고, 버릴 건 버리고, 양보할 건 양보하고,
이 땅의 진보를 위해 정당정치 하자고 나선 길,
이대로 주저앉을 순 없지 않습니까?

남종석 지금 당장 진보가 무엇을 할 것인가? 착잡합니다만 이
렇게 정리해 봅니다. 우선 진보정당들은 6·4 지방선거 결과를
심층적으로 분석해야 합니다. 매우 냉정하게 자기 한계를 인식
하고, 이 문제의식을 당원들과 공유해야 합니다. 더불어 우리가
앞에서 주마간산 격으로나마 살펴보았던 한국의 객관적 정세를
인식해야 합니다. 그래야만 새로운 모색을 위한 공통된 합의를
이끌어 낼 수 있어요. 이 과정을 통해 새로운 진보좌파를 구성
하려고 노력해야 합니다.

이창우 씨는 정당정치와 사회운동은 다른 것이라고 했는데요.
저도 일정한 차이는 있다고 보지만 진보좌파 정치가 근본적으
로 사회운동에 토대를 두고 있다는 사실을 부정할 수 없어요.
따라서 한편으로 진보정치의 재구성과 함께 사회운동의 복원이
매우 현실적인 과제입니다. 민주노총이 제대로 서고, 노동자운
동이 대중운동의 중심으로 서고, 원전 반대운동 등의 대중적 호
소력을 키워야 합니다. 이런 사회운동의 힘이 확대되고 제도권
내에서 진보좌파가 제대로 설 수 있을 때, 진보정치는 그나마
한국 사회의 한 귀퉁이라도 차지하고 미래의 성장을 꿈꿀 수 있
을 거예요.

이광수　글쎄요. 진보정치가 사회운동에 기반을 두고 있다는 것은 아무도 부인하지 않는 사실입니다. 하지만 민주노총이 제대로 서고 어쩌고 등의 말은 하나 마나 한 이야기라고 봅니다. 사회운동은 문제를 제기하는 데 총력을 기울이고, 그 제기된 문제를 정책화하는 과정에서 정당이 어느 정도 정치 행위를 하는 것을 양해하면서 지원해야 합니다. 사회운동이 더 중요하냐, 정당정치가 더 중요하냐의 문제가 아니죠. 정당정치를 운동 차원에서 하면 근본주의로 흐를 가능성이 있고, 그렇게 되면 진보정당은 이 험난한 양당 고착화 과정에서 살아남기 어렵습니다. 진보정당에게 지금 필요한 것은 뱀같이 교활한 지혜입니다.

최희철　저 역시 패러다임을 바꾸는 게 가장 중요하다고 생각해요. 패러다임의 전환은 정치적·철학적 관점을 바꾸는 것은 물론이고, '시간'에 대한 관점까지 바꾸는 것을 포함해야 합니다. 그 시간 속에서 무한에 가까운 인내를 갖고 진보정치를 해야 해요. 자기 생애에 무언가를 완성해 보겠다는 조급함은 버려야 합니다. 그런 과도함이 독선을 낳고 현재의 진보정치를 어려운 지경까지 몰고 온 것 같아요.
만약 진보정당이 새롭게 만들어진다면 여러 방면의 낡은 방식들을 과감하게 버릴 수 있어야 해요. 가령 '민족'이나 '계급'은 탈구脫臼되어야 할 겁니다. 그것을 안고 지금의 세상 속으로 들어가긴 어려워 보여요. 그런 방식은 분명 예전에 우리가 겪었던 '정파'의 악령들을 다시 불러올 겁니다. 더불어 그런 방식을 버리는 데 있어서 '인적 쇄신'도 매우 중요하다는 생각이 들어요. 특정 인물을 받아들이지 말자는 주장은 아닙니다. 그런 인물 혹은 정파가 중심 세력이 되지 않도록 서로 경계해야 한다는 겁니다. 물론 쉬운 일은 아니죠. '이상적'인 소리로 들리기도 할 겁니다.

하지만 새로운 모습을 보여 주지 못한다면 진보는 외면받게 될 겁니다. 가령 '녹색 가치'를 중심으로 모이면 어떨까요? 물론 지금의 녹색당을 중심에 놓자는 건 아닙니다. 녹색당 내부에는 6·4 지방선거를 겪으면서 녹색당을 비롯한 진보 진영 전체가 뭉쳐야 살아날 수 있다고 보는 사람도 있지만, 녹색당은 민족이나 계급을 주장하는 진보 혹은 좌파와 절대 합칠 수 없다는 사람도 엄청 많을 겁니다. 이런 말을 하는 것은 패러다임의 안과 밖이 완전히 바뀌어야 하고, 그 변화에 패러다임의 주체인 '사람'도 포함시켜야 한다는 겁니다.

진보정치가 하루아침에 이루어지는 것은 아닐 겁니다. 세상에서 하루아침에 이루어질 수 있는 것은 아무것도 없습니다. 우린 겨우 지난날에 새로운 하루를 보태는 일을 할 뿐인 것이죠. 그게 첩첩이 쌓여 거대한 물결이 되는 겁니다. 모두 다 아는 사실이죠. 가령 민주노동당 시절을 돌이켜 보면, 우리가 좀 더 차분하게 인내하면서 내부의 문제를 슬기롭게 극복했더라면 진보정치가 지금처럼 초라한 모습이 되진 않았을 겁니다. 우리의 진보정치가 '유치幼稚'의 수준으로 떨어져서는 안 됩니다. '유치'야말로 자기 내부로만 몰입하여 '헐떡거리다가' 스스로 괴멸에 이르는 질병이니까요. 진보정치는 신비주의도 아니고, 누군가의 희생만으로 이루어지는 것도 아닙니다. 현실을 냉철하게 분석하고, 긍정적으로 보는 '정치적 습관'이 필요해요. 지금도 늦었다고 생각하지 않습니다. 진보정치는 늘 작은 힘으로 시작하기에 쉽게 죽지 않습니다. 아니 결코 죽지 않아야 합니다! 그러므로 언제, 어디서든 새롭게 시작할 수 있어요. 우린 그 힘을 '신앙'처럼 믿어야 해요. 그런 의미에서 진보정치가 잡초의 '관성慣性'으로 가득한 괴물(?)이 되었으면 좋겠습니다. 초월적 중심에 있는 또 다른 '괴물'을 물어뜯을 수 있는 강력한 발톱과 이빨을 가진 '정치-기계' 같은 '괴물'라고 할까요? 그렇게 될 때 우린 행복해질 겁니다.

이광수 지난 1년간 진행해 온 방담을 마무리하면서 한 마디만 덧붙이겠습니다. 진보정당이 어떤 방향으로 가든, 어떤 험로를 가든, 인간을 잃지 말고 갑시다. 새정치민주연합 내 좌파블록으로 가려는 사람들에게는 가서 초심 잃지 말고 잘하라고 격려해 줍시다. 그들은 우리가 잃어서는 안 될 소중한 한국 정치의 자산입니다. 선거에 나가 직업정치인이 되고자 하는 그들에게 돌을 던져서는 안 됩니다. 통합진보당 사람들에게도 마찬가지입니다. 우리나 그들이나 사과할 건 사과하고, 버릴 건 버리고, 양보할 건 양보하고, 추스를 건 추슬러서 새로운 전기가 마련될 때까지 서로 묵묵히 갑시다. 서로 상처 주지 말고 제자리에서 각자 자기 맡은 바 일을 하면서 때를 기다립시다. 어차피 이 땅의 진보를 위해 정당정치 하자고 나선 길, 이대로 주저앉을 순 없지 않습니까?

절망과 희망 사이

1

날은 저물고 막차는 떠났습니다. 진보의 폐허 위에서 이미 떠나
버린 막차를 '가만히 앉아' 기다리라고요? 새로 시작하는 것도
한두 번이지……. 마치 양치기 소년 같아 차마 입이 떨어지지
않는군요. 직업으로서의 정치를 해 왔던 이들은 현재 진보정당
이라는 명함이 오히려 짐이 되고 있습니다. 당이 그들의 도약대
가 되기는커녕 '개미지옥'이 되어 버린 것이 진보정당의 현주소
로군요. 모범적인 구정 활동을 펼친 우수한 현역 기초의원들이
단지 진보정당의 공천을 받았다는 이유로 추풍낙엽처럼 낙선한
현실을 보며 드는 생각입니다.

새정치민주연합으로 들어와 출마하라는 제안을 무 자르듯 뿌
리친 내 후배 정치인도 낙선했습니다. 진보정당에 대한 의리를
저버리지 못해 낙선의 길로 접어든 이들을 보며, 내가 몸담고
있는 정당이 마치 개미지옥처럼 느껴지다니! 정말 참담하군요.
직업정치를 해 온 현역들에게 아무런 힘도 되지 못한 진보정당
1세대인 나는, 진보정당에 대한 의리를 차마 저버리지 못해 남
아 있는 이들에게 정말 할 말이 없습니다. 이제는 더 이상 "비록

당장은 어렵더라도 꿈을 갖고 참고 견디라"고 말할 자신이 없어요. 그래서 그 꿈은 막차가 아니라 새벽 첫차를 타야 할 새로운 세대의 몫으로 남겨 두려고 합니다.

적어도 내가 몸담았던 민주노동당과 진보신당, 통합진보당, 정의당까지……, 양당 체제를 돌파해 보려던 진보정당의 시도는 좌절되었습니다. 양당 체제는 더 견고해졌고 진보정당에게는 발 디딜 한 치의 틈도 없어졌습니다.

언젠가부터 진보정당은 자신의 고유 의제조차 잃어버린 채 표류해 왔습니다. 2012년 총선에서 민주당이 3무1반(무상급식, 무상의료, 무상보육과 반값 등록금)을 내세우고, 대선에서 경쟁적으로 경제민주화와 복지국가를 앞세우면서 '좌클릭'한 민주당과 진보정당들의 차별성은 희미해졌습니다. 통합진보당에서 분리되어 나온 정의당은 역으로 더 책임 있는 공당의 면모를 갖추기 위해 '성장'과 '안보'에 대한 국민들의 불신을 털어 내는 쪽으로 향했습니다. 모두가 좌향좌하고 있을 때 정의당은 '통합진보당 트라우마' 때문에 우향우한 셈이지요. 민주당과의 차별화를 시도해야 할 때, 통합진보당과의 차별화에 몰두함으로써 국민들에게 진보정당이 독자적으로 존재해야 할 이유를 설득력 있게 제시하지 못했습니다.

물론 '소득 주도 성장' 등 노동이 있는 복지국가의 비전을 제시하긴 했지만 정의당의 작은 마이크로는 국민들에게 자기 목소리를 들려주기에는 역부족이었고, '정치적 파장'을 만들어 낼 만큼 강한 인상도 주지 못했습니다. 민주노동당 때는 그래도 "살림살이 나아지셨습니까?" '무상교육, 무상의료' 같은 자기 메시지와 브랜드가 있었습니다. 그러나 지금은 진보정당의 메시지와 브랜드가 무엇인지 저조차 알 수가 없군요. 정의당이 지방선거 전에 내세웠던 '정의로운 복지국가'와 '평화로운 한반도'는 그 직후 안철수의 새정치민주연합이 복사해 써 렸지요. 진보정당의 비전마저 '완판sold out'되었다고 해야 하나요? 정의당의 존재감은 이렇게 늘 민주당–새정치민주연합에 가려졌습니다.

정의당이 18대 대선에서 후보 사퇴하고 민주당 문재인 후보를 지지하면서 자신의 존재를 지운 것은, '야권연대의 파트너'로 인정받기 위해서였다고 해도 과언이 아닐 것입니다. 그러나 현실정치의 세계는 행위자들의 선의와 무관하게 정의당이라는 파트너를 토사구팽시켰습니다. 정치 전략으로도 실패한 것입니다. 복기해 보면 그 어떤 상황에서도 미래를 위한 종자를 남겨둬야 했습니다. 그 종자는 '미래 세대의 정당'이겠지요. 이를 위해 전략적 투자를 해 왔다면 정의당의 정체성은 그나마 윤곽이라도 드러나지 않았을까요? 어쨌든 전략적 좌표도 잡지 못하고 이리저리 떠밀린 정의당의 실패가 아프게 눈에 밟힙니다.

그래도 아버지의 꿈이 복지국가라던 박근혜 대통령이 기초연금 약속을 파기하는 등 대선 공약을 식언하고, 새정치민주연합이 새누리당의 꼼수인 기초연금의 국민연금 연계에 동의하는 등, 복지국가 약속이 왜곡되는 현실 속에서 저들을 강제할 진보정당의 역할이 필요하다는 목소리가 들립니다. 그러나 그것이 진보정당의 존재 이유를 설명하는 충분한 근거가 될 수는 없습니다.

새정치민주연합에 들어간 진보정당 출신 인사들은 새정치민주연합 내의 중도좌파블록을 강화함으로써 진보의 목적을 실현하자고 합니다. 등대정당을 하려는 것이라면 몰라도, 정책적 차별성도 별로 없는데 독자적인 진보정당이 살아남을 수 있겠냐면서요. 야권연대 없이 치러진 2014년 지방선거 결과 진보정당의 현역들 대부분이 낙선한 것을 보면, 크게 틀린 말도 아닌 것 같습니다. 유권자들이 진보정당을 찍어야 할 동기가 그만큼 약해진 것이겠죠.

물론 분산된 진보정당들이 받은 표의 총합이 거의 10퍼센트에 이른다며 진보정당이 통합된다면 여전히 캐스팅 보터로서 힘을 발휘할 수도 있다는 견해도 있습니다. 그러나 2012년 통합진보당 사태와 이석기 사태를 거치면서 진보정당의 재통합은 사실상 불가능에 가까울 뿐만 아니라, 설령 재통합을 하더라도 10퍼센트의 지지율을 회복할 수 있을지 의문입니다. 정의당 지지자들이 통합진보당과 다시 통합한다면 고스란히 따라올까요? 그 역은 어떨까요? 녹색당은 자신의 정체성을 '근대적 패러다임'에 놓인 진보정당류로 규정하려 할까요? '민족주의자'들과는 피 한 방울도 섞이고 싶어 하지 않는 이들은 또 얼마나 많습니까?

그래서 진보정당의 재통합을 당위적으로 강조하는 것은, 오히려 진보정당의 재편에 질곡으로 작용할 수 있습니다. 가능한 경로를 찾아보려는 이들의 수고를 폄하하는 이데올로기가 되어 버릴 수 있으니 주의해야겠죠. 지금 최대치는 '따로 또 같이'의 지혜를 찾는 것입니다. 각자의 정체성을 만들어 나가면서 선거 시기에 '무지개연합정당'으로 대응하는 것이지요. 통합? 그게 급한 건 아닌 것 같습니다.

그래도 희망은, 지방선거에서 진보 교육감 당선으로 진보에 의지하려는 시민이 다수임을 확인한 것입니다. 진보정당은 부스러기가 되어 버렸지만, 진보정당이 뿌려 놓은 진보적 의제들은 받아들여지고 있는 것이지요. 지금 우리의 문제는, 진보가 외면당하는 것이 아니라 진보'정당'이 외면당한 것이고, 그것은 순전히 진보정당을 해 온 주체의 문제라는 사실입니다. 주체의 문제는 리더십의 문제일 수도 있고, 진보정당의 운영 체제와 구동 원리의 문제일 수도 있습니다.

무언가를 바꿔야 한다면 우선 나부터 바꾸려고 합니다. 운동의 열정은 초심으로 '리셋'하고, 방법론은 더 겸손하고 온유하게 말입니다. 이념과 가치가 옳다고 해서 국민들이 그것을 인정해 주는 게 아닙니다. 이념과 가치만큼 방법론이 옳아야 합니다. 과격을 자랑삼는 진보에게 누가 곁을 주겠습니까? 그저 유유상종일 뿐이죠. 차이를 인정하면서 함께 일하는 법을 익히는 것, 여전히 민주주의적 소양이 문제입니다. 혁신이 필요합니까? 내가 혁신의 대상입니다. 나부터 바꾸겠습니다.

2

보통 '배움'이라 하면 잘 아는 사람이 그렇지 못한 사람을 가르치는 것이라 합니다. 너무 일방적이고 계몽적이지요. 우리들의 토론은 적어도 그런 방식은 아니었던 같습니다. 일방적이 아니라 모두에게 열려 있는 방식, 그건 일종의 '감응感應'과 같았습니다. 접속을 통하여 서로 다른 점을 알게 되고, 자신과 상대가 감응을 넘어 '감흥感興'에까지 이르게 되는 것 말입니다. 하여 새로운 범람을 많이 만난 것 같습니다.

한계를 넘어야 문턱이 보이고 문턱을 넘어야 새로운 지평이 열립니다. 한계와 문턱의 두께는 종이 한 장일 수도 있을 겁니다. 한계를 느끼는 바로 그 순간이 문턱일 수도 있으니까요. '줄탁동시啐啄同時'라고 할까요. 삶이 점점 힘겨워져 감을 느낄 때, 진인사대천명盡人事待天命을 외치며 새로운 세상으로 나아갈 수 있을 것입니다. 그게 발화점입니다. 어쩌면 그저 지나쳐 버렸을지도 모르는 그 지점에서, 우린 진보정당의 주변에 머물던 일반 당원들이었기에 더 쉽고 다양한 이야기할 수 있었을 겁니다.

토론 중에 우리가 갖고 있던 생각의 두께가 커지는 걸 느낀 적도 있습니다. 일종의 벽을 만났거나 만들었던 셈이지요. 그런 의미에서 '민족좌파(혹은 자주파)' 내부의 사건, 즉 '경기동부 사건'을 비판한다는 게 혹시 그런 벽을 더 두껍게 하는 것은 아닌지 걱정도 했습니다. 사건이나 역사는, 비실체적인 과거와 현재가 만나서 여러 가지 주름을 만드는 것이라고 생각하거든요. 물론 진보 진영의 비판과 반성은 늘 가능합니다. 하지만 우리도 모르는 찰나에 우리 스스로 어떤 잣대를 만들고 그 잣대가 마치 영원한 것처럼 여기는 것은 아닌지 늘 의심하고 경계해야 한다는 말입니다.

진보정치는 한계 내에서 무언가를 발견하려는 작업은 아니라는 생각을 했습니다. 오히려 한계를 넘어 무언가를 발명하는 일이지요. 하여 늘 새로운 문턱에서 새로운 배치를 만들어내야 할 겁니다. 그건 정치를 좀 더 미세한 지점까지 끌고 가는 것일 수도 있을 겁니다. 어떤 억압을 어떻게 깨 버릴 것인가의 문제라기보다, 억압의 계보학을 알고 드러내는 것이라고나 할까요? 끝없이 드러내는 작업의 연속이라고 하면 어떨까요? 욕망이 사라져 너무 무력해 보이나요? 우린 드러내고 그 드러냄이 미세하지만 대중 속으로 전염되어 다시 정치력으로 작동하는 그런 '분자혁명'적 과정을 끝임 없이 시도해야 한다고 생각합니다.

그건 어쩌면 단순한 실험으로 여겨질 수도 있을 겁니다. 하지만 지금 우리의 정치적 활동이란 그런 실험의 극미極微적 요소는 아닐까요? 이는 우리의 정치 활동이 작은 부품이 되어야 한다는 게 아니라, 늘 '불꽃' 같은 것이어야 한다는 말입니다. 화기火氣가 접근하는 순간 '펑' 하고 터지죠. 어쩌면 거짓말 같은 달콤함 말이죠.

그럼, 모두 행운을 빕니다.

2014년 6월 30일

네 사람을 대표하여

이창우와 최희철 함께 씀

위기의 진보정당 무엇을 할 것인가
2014년 7월 15일 초판 1쇄 발행

지은이 | 이광수 · 남종석 · 이창우 · 최희철
펴낸이 | 노경인

펴낸곳 | 도서출판 앨피
출판등록 | 2004년 11월 23일 제2011-000087호
주소 | 우)120-842 서울시 영등포구 영등포로5길 19 동아프라임밸리 1202-1호
전화 | 02-336-2776   팩스 | 0505-115-0525
이메일 | lpbook12@naver.com
홈페이지 | www.lpbook.co.kr

ⓒ 이광수 · 남종석 · 이창우 · 최희철

ISBN 978-89-92151-59-7